TRISTAN UND ISOLDE

Weihnachten 1993 Ppe

Codex 2537 der Österreichischen Nationalbibliothek

TRISTAN UND ISOLDE

Mit Beiträgen
von
Michel Cazenave und Edmond Pognon

Akademische Druck- u. Verlagsanstalt
Graz/Austria

Die Deutsche Bibliothek – CIP-Einheitsaufnahme

Tristan und Isolde : Codex 2537 der Österreichischen Nationalbibliothek / mit Beitr. von Michel Cazenave und Edmond Pognon. [Aus dem Franz. übers. von Gisela Kubel]. – Graz/Austria : Akad. Dr.- und Verl.-Anst., 1992
Einheitssacht.: Tristan et Iseut <dt.>
ISBN 3-201-01567-9
NE: Cazenave, Michel; Pognon, Edmond; EST

Aus dem Französischen übersetzt
von
Gisela Kubel

Satz: LeykamDruck, Graz
Reproduktion und Druck: Print & Art, Graz
Buchbinderarbeiten: Art-Buchbinderei, Graz

© Akademische Druck- u. Verlagsanstalt, Graz 1992
ISBN 3-201-01567-9
Printed in Austria

Westwärts
schweift der Blick:
ostwärts
streicht das Schiff.
Frisch weht der Wind
der Heimat zu:
mein irisch Kind,
wo weilest du?
Sind's deiner Seufzer Wehen,
die mir die Segel blähen?
Wehe, wehe, du Wind!
Weh, ach wehe, mein Kind!
Irische Maid,
du wilde, minnige Maid!

RICHARD WAGNER, aus: *Tristan und Isolde*

Tintagel, Cornouailles. Die Ruinen des sagenhaften Schlosses. (© Roger-Viollet, Paris.)

Weder Sie ohne mich,
noch ich ohne Sie

Michel Cazenave

Tristan und Isolde (Detail). Prosa-Tristan.
Ms.fr.2186. *(Bibliothèque nationale, Paris.)*

In einer christlichen Kultur, welche darauf aus war, eine Mystik entsprechend der *imitatio Christi* aufzubauen, eine Nachahmung des Gottmenschen, der gewissermaßen jedes menschliche Wesen zu einem vom heiligen Geist inspirierten Menschengott machen würde, erscheint die phantastische Geschichte der Liebenden von Cornwall und Irland wie im funkelnden Glanz eines schwarzen Diamanten, den man vergebens zu verbergen suchte: die Legende von Isolde und ihrem auserwählten Ritter Tristan.

Diese Geschichte zieht mit den Tabus, die sie überschreitet, der Bedeutung der Liebe, die plötzlich im Schoße eines geregelten Universums entsteht, einen solchen Umsturz aller Werte nach sich – sozialer, aber auch moralischer, ethischer, religiöser, metaphysischer und schließlich ontologischer Werte einer christlichen Welt –, daß man, kaum daß diese Legende in der zweiten Hälfte des 12. Jahrhunderts bekannt geworden war, schon wieder versuchte, sie zu bekämpfen, zu normalisieren und schließlich zu vergessen: In dem Augenblick, wo sich die Gestalt Isoldes in ihrem Sonnenglanz erhebt, prangert Chrétien de Troyes durch den Mund von Fenice, Heldin der „Cligès", sie an:

> Denn ihren Körper besaßen zwei Rentiers
> Und ihr Herz so recht nur einer.
> So sie ihr ganzes Leben zerrieb,
> Daß sie niemals die beiden zurückwies.
> Diese Liebe der Vernunft entbehrte.[1]

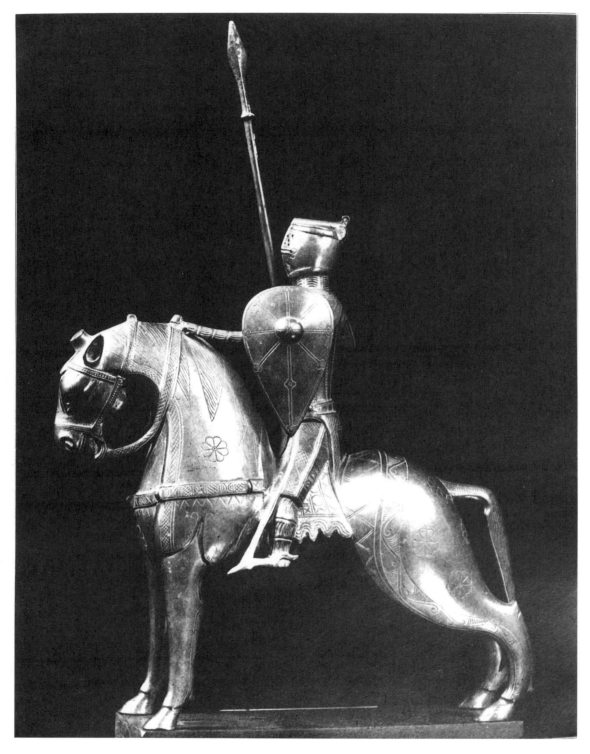

Die Welt des christlichen Rittertums.
Aquamanile, 14. Jahrhundert, Museum des Bargello, Florenz. (© Collection Viollet, Paris.)

Dante seinerseits beeilt sich, Tristan in die Hölle zu schicken[2], während Walter Scott, angeblich in das frühe Mittelalter verliebt, nichts anderes darüber zu sagen weiß, als daß „eine Person (namens Tristan) tatsächlich etwas Kantharidenpulver verschluckte, das die Kraft seines Onkels, des kleinen Königs von Cornwall, stimulieren sollte, was Tristan natürlich in eine Intrige mit seiner Tante verwickelte."[3] Diese Einstellung läßt sich bis in unsere Tage herauf verfolgen, z.B. bei Denis de Rougemont in „Die Liebe und das Abendland"[4]. Er macht aus *Tristan und Isolde* das Paradigma der Leidenschaft, dessen verletzende Gewalt nach und nach die tiefsten Grundlagen der christlichen Zivilisation erschüttert haben soll: Mystik des Todes, Mystik der geistigen Irrfahrt, die jegliche Orientierung verloren hätte, des Reizes vom Abgrund, in den unsere Seele hineinstürzen würde; es ist für ihn ein Konzentrat der Faszination des Nichts, das unaufhörlich den Menschen bedroht und, Ekstase versprechend, ihn schließlich nur dem teuflischen Glanz eines nicht als ein solcher erkennbaren Selbstmordes ausliefern würde.

Daß es dennoch so weit kommen konnte, daß man den Mythos noch acht Jahrhunderte später mit solch einer Heftigkeit aufgriff, zeugt davon, daß dieser, über alle Angriffe und die im Laufe der Zeit ausgestoßenen Verwünschungen triumphierend, überlebt hat. Bald tauchte eine zweite Strategie auf: Gab es nicht ein anderes Mittel, diesen „radioaktiven" Stoff zu neutralisieren, und, indem man ihn in erzählerische und religiöse Schemata einfügen würde, die den Sinn verändern, ihn schließlich völlig entgegengesetzten Zielen dienstbar zu machen? Die Versuche reichen weit zurück. Schon im 13. Jahrhundert erscheint „Der Roman in Prosa von Tristan"[5], der ihn in die Artus-Gesellschaft versetzt, die im Sinne christlichen Rittertums stark korrigiert ist, was somit erlaubt, die Geschichte *grosso modo* zu bewahren. Und dies, obwohl sie durch zahllose Heldentaten und Intrigen zerrissen wird, worin sich schließlich die Leidenschaft der Liebenden erschöpft. Auch diese Fälschungsmanöver dauern an. Man denke nur an das Paar Rodrigo und Proeza in „Der seidene Schuh" oder an Mesa und Yse in „Mittagswende", deren Liebeswahn sich subsumiert, indem er durch die Blendung Gottes geläutert wird:

„Es gibt jemanden, der ist von Gott ermächtigt, ihm die Gegenwart meines Leibes für immer zu versagen,
Denn er hätte ihn zu sehr geliebt. Ach, ganz anderes will ich ihm geben![6]

Miniatur 1, folio 4 recto

Die erste bemalte Seite des Tristan (Reproduktion auf Seite 92) zeigt vier Miniaturen, die über dem zweispaltig geschriebenen Text angeordnet sind. Das Ganze ist prächtig umrahmt. Die erste der vier Miniaturen stellt einen der im Prolog und Epilog des Romans erwähnten Autoren dar: Luce de Gast. Er scheint aber nicht der wirkliche Verfasser dieses Textes zu sein, ebensowenig wie Hélie de Boron, der mit dem Text in Verbindung gebracht wird.
Obwohl die stilisierte Landschaft eine Szene im Freien erwarten läßt, befindet sich Luce de Gast in seinem Arbeitszimmer. Das Buch auf dem Stehpult ist vielleicht ein Werk, von dem sich Luce de Gast anregen läßt oder das er übersetzt. Wenn es sich nicht gar um den vollendeten und gebundenen „Tristan" handelt, da es im Mittelalter üblich war, zwei aufeinanderfolgende Episoden einer Szene gleichzeitig darzustellen.
Mobiliar und Figur weisen charakteristische Zeichen desjenigen auf, den man als den Meister des Psalteriums des Herzogs von Bedford zu identifizieren glaubte, den wir aber wie Julius Hermann einfach Meister A nennen wollen. Der Baum rechts im Hintergrund ist ebenfalls für dessen Technik kennzeichnend.

Miniatur 2, folio 4 recto

Das Motiv dieser Miniatur hat nichts mit dem Thema des „Tristan" zu tun.
Der Autor des Romans in Prosa erachtete es als günstig, eine Verbindung zwischen dem Roman und dem keltisch-christlichen Mythos von der „Suche nach dem Gral" herzustellen. Tristan wird ein Ritter der Tafelrunde, der die Heldentaten mehren wird und dessen Gralsuche mit seiner Liebe zu Isolde zusammenfällt. Die Urheber dieser Version verfolgen die feste Absicht, der „subversiven" Legende des Tristan eine beruhigende Umrahmung christlicher Ordnung zu verleihen.
Der Autor beginnt also seine Erzählung mit einem langen Prolog, der an die Gralsuche erinnert. Auf dieser Minatur empfängt Joseph von Arimathia in einer langen blauen Tunika seinen Bruder Bron (im rosenroten Gewand), der gekommen ist, um für seine zwölf Söhne einen Rat zu erbitten. Auf Josephs Frage, ob sie sich verheiraten wollten, erklären sich elf dazu bereit, während der zwölfte, Helain, den Wunsch äußert ledig zu bleiben, um dem heiligen Gral zu dienen. Eine Mission, die er nach dem Tode seines Vaters erfüllen wird.
Zu beachten ist die Stellung der Füße des Jungen in Grün hinter seinem Vater, denn man findet sie sehr häufig auf den Miniaturen des Meisters. Die erhobene linke Hand Josephs ist ebenso charakteristisch. Der rötlichbraune Hintergrund der Miniatur mit dem goldenen Gitterwerk ist für die Malerei jener Zeit ungewöhnlich.

Miniatur 3, folio 4 recto

Sadoc, der jüngste Bruder Helains, folgt einem Pfad am Meeresufer, hinter ihm in der Ferne brechen sich die Wellen, und ein Schiff scheint in Seenot geraten zu sein. Sein Pferd, von vorn dargestellt, wendet den Kopf, um in Richtung Meer zu traben. Die Bäume sind von gleicher Form wie in der ersten Miniatur. Wie es der Künstler im allgemeinen bei Seelandschaften zu tun pflegt, malt er den Himmel in zwei Farbtönen: ultramarin im oberen Teil, leuchtend weiß im unteren Teil, um den Horizont zu verdeutlichen und der Szene Tiefe zu geben.

Miniatur 4, folio 4 recto

Der Sturm hat das Schiff zerstört und Sadoc gelingt es, die Tochter des Königs von Babylon vor dem Ertrinken zu retten. Er wird sie in das Schloß seines Bruders Nabuzadan führen, sie Chelinde taufen und ehelichen.
Diese Miniatur zeigt die bemerkenswerte Darstellung eines Segelschiffes mit drei Masten, das von den Wellen niedergerissen wurde. Der mittlere Mast ist geknickt, der zylindrische Mastkorb, den er trug, taucht ins Meer. Die symbolische Geste Sadocs, der seine Hand der Schiffbrüchigen entgegenstreckt, die sich an ein Brett klammert, lächelnd und mit völlig geordneter Frisur, ist sehr wirkungsvoll.

Der Sieg der Liebenden

Diese Versuche haben jedoch immer nur jene überzeugt, die überzeugt werden wollten. Die Flamme, die im Herzen der Legende lodert, gibt derartiger List nicht so leicht nach: Wäre die Lösung also nicht einfach die, die Liebenden aller Rechte zu berauben und somit ihr Überleben zu verhindern? Wie Jean-Charles Payen sehr klar feststellt: „Gleichzeitig mit der Ausbreitung des Mythos versuchen Romanschriftsteller und Moralisten, ihn zu bannen. Man zögert, den Text des ‚Tristan' in Versen wiederzugeben, daher der schlechte Zustand der handschriftlichen Übersetzung: ein einziges, verfremdetes Exemplar des Poems von Béroul, jeweils ein einziges für die beiden ‚Folies', einige verstreute Fragmente des ‚Tristan' von Thomas, dazu das kurze ‚Chèvrefeuille' von Marie de France – von diesem Ensemble bleiben nur Teile, von denen man nicht sagen kann, ob es die schönsten sind, weil allein der Zufall und nicht eine überlegte Auswahl ihr Überleben bestimmt hat."[7] Deshalb muß man heute, um die Geschichte in ihrer Gesamtheit wieder herzustellen, auch auf fremdsprachige Versionen zurückgreifen, sei es nun aus dem deutschen Raum, wie bei Eilhart von Oberg[8] oder Gottfried von Straßburg[9] oder auf die „Tristams saga"[10] skandinavischer Tradition.

Folglich ist jede Tristanschrift unserer Tage eine Rekonstruktion, das heißt ein Terrain für Spiele, auf dem die Einbildungskraft sich zwischen den Textzeilen ausbreiten kann und Bilder, Symbole, Stoff zum Nachdenken ausgegraben, gestaltet und erfunden werden. Das Ziel ist, die wichtigsten Themen dieser verwünschten Geschichte so gut wie möglich zu artikulieren und zu übertragen.[11]

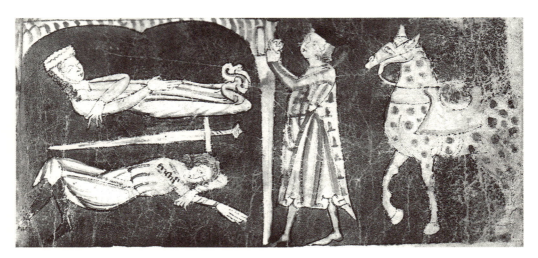

König Marc überrascht die durch ein Schwert getrennten Liebenden. Die Minnegrotte von Gottfried von Straßburg. (© Bayerische Staatsbibliothek, München.)

Eine verwünschte Legende also, aber dennoch blieb sie siegreich über die vereinten Angriffe – zweifellos auch eben deshalb, weil sie so verwünscht wurde. Denn in dem Moment, da der soziale, kulturelle und mythologische Rahmen des Abendlandes in der Mitte des 19. Jahrhunderts zusammenbricht, als die Romantik die Wundertür des Traumes wieder geöffnet hat, taucht das erhabene Paar wieder auf. Swinburne[12], ein Präraphaelit, Wagner[13], etwas später Thomas Mann[14] und Charles Morgan[15] inmitten unseres Jahrhunderts, schöpfen aus diesem Quell.

Der Wahn der Götter

Wenn man die Geschichte der beiden Liebenden wirklich verstehen will, ist es zweifellos günstig, bis zu Platon zurückzugehen, denn er beschreibt den *Wahn, der von den Göttern geschickt wird.* Dazu zählt er die *erotische Verrücktheit,* die in der menschlichen Seele durch die gegenseitige Inspiration von Aphrodite und Eros entsteht.[16]

Eros, das ist tatsächlich die Macht der körperlichen Sexualität und gleichermaßen der Gott, der die Seele zu ihrem übersinnlichen Horizont stößt. Kurz, er ist ein *Dämon,* der im Menschen die aktive Gegenwart des Göttlichen verkörpert. Erzählt die Leidenschaft Tristans von etwas anderem als vom Weiblichen, das – wie aus *einer anderen Welt* – zum Glanz eines überirdischen Lichtes führt?

Doch Vorsicht mit den Worten; *eine* andere Welt ist nicht *die* andere Welt – das Reich des Todes, des Jenseits, des Hinscheidens von einem selbst. Sie bestätigt im Gegenteil, daß es andere Wirklichkeitsformen gibt als jene wahrnehmbaren, in denen wir uns zu bewegen glauben, daß ein Gebiet existiert, dessen Triebkraft und Richtschnur die Seele, und in dem der Tod Auferstehung ist; daß das Jenseits ein „geographisches" Jenseits bezeichnet, das von den Konturen der Vision gezeichnet ist; und daß sich im Hinscheiden des Ego die herrliche sogenannte Ich-Werdung zur *imago Dei,* die unser Zentrum darstellt, erfüllt.

Miniatur 5, folio 5 recto

Nabuzadan verrät die Pflichten der Gastfreundschaft und mißbraucht Chelinde. Sadoc wird ihn töten, anschließend mit Chelinde aufs Meer fliehen, um der Rache seiner zehn anderen Brüder zu entgehen.
Die Szene ist so keusch wie möglich dargestellt. Das große Bett befindet sich in völliger Ordnung, Chelinde ruht angezogen darauf, den Kopf auf einem weißen Kissen, das sich von der roten Überdecke gut abhebt. Die rein symbolische Architektur des Zimmers öffnet sich nach außen, aber an Stelle einer Landschaft sieht man einen jener golden und bunt gewürfelten Hintergründe, die in diesen ersten Jahrzehnten des 15. Jahrhunderts den normalen und beinahe obligatorischen Hintergrund der Szenen bilden.

Miniatur 6, folio 8 recto

Sadoc und Chelinde haben bei König Tanor Zuflucht gefunden. König Pelyas, der ebenfalls zu Gast weilt und Chelinde entführen will, erscheint nackt im königlichen Schlafgemach, wo er sie zu finden glaubte, und tötet den Kanzler König Tanors, der unvermutet auftaucht. Tanor, Zeuge des Dramas, stürzt sich aus dem Fenster und fällt ins Wasser. Auffällig ist die Haltung Pelyas, die in den Miniaturen des Meisters A sehr häufig vorkommt, ebenso die symbolische Darstellung des Zimmers, vergleichbar mit der im vorangegangenen Bild, nur, daß das Fenster zum Wasser hinausgeht und der verzierte Hintergrund, den der Künstler beibehalten wollte, auf ein schmales Band entlang des Ufers reduziert ist.

Miniatur 7, folio 8 recto

König Tanor wird von zwei Fischern aus dem Meer gezogen, wobei der eine auf gefährliche Weise das Boot neigt, um den leblosen Körper aufzunehmen. Der König, der sich ausgezogen hatte, um schwimmen zu können, ist jetzt mit einer einfachen Unterhose bekleidet.
Das Boot wurde sehr realistisch dargestellt. Die äußerst stark stilisierte Landschaft steht dazu in keinem Größenverhältnis, weniger noch als in den anderen Kompositionen des Meisters A. Die grünen Bäume der ersten Miniaturen sind gelb geworden. Wollte der Künstler zeigen, daß die Szene im Herbst spielt?

Miniatur 8, folio 13 recto

Pelyas glaubte, Chelinde heiraten zu können. Aber in einem Wald gibt sich Sadoc ihr zu erkennen und erreicht, daß Pelyas sie ihm zurückgibt. Die Szene ereignet sich an einer Quelle, welche – wie auch auf allen anderen Miniaturen der Handschrift – durch ein rechteckiges Becken dargestellt wird, dem ein Bächlein entspringt. Chelinde befindet sich in Begleitung eines Edelfräuleins und zweier Edelleute, Sadoc in Begleitung eines Ritters, der sein Pferd hält. Die beiden Bäume haben hier die richtigen Proportionen.
Die Gesichter und sogar die Köpfe der Pferde wurden vom Meister A in ernsthaftem Bemühen um Ausdruck gemalt.

Miniatur 9, folio 16 recto

Sadoc ist, Chelinde hinter sich auf dem Pferd, davongeritten. Beim Verlassen eines Waldes erblicken sie vor sich ein Schloß, das „Teriadan l'Enchanteur" genannt wird. Der Schloßherr begrüßt sie vor dem Tor, und alsbald setzt er Sadoc zu seinem Erben ein.
Diese kleine, in ihrer Komposition sehr gedrängte und ausgewogene Szene ist besonders gelungen. Sie ist ein ausgezeichnetes Beispiel für die Malweise des Meisters A.

Miniatur 10, folio 19 recto

Apollo l'Aventureux, Sohn des Sadoc, hat seinen Vater, den er nicht erkannte, zum Duell gefordert. Er wirft ihn aus dem Sattel und versetzt ihm einen tödlichen Schlag.
Das erste Mal erleben wir hier einen sehr realistischen und perfekt gestalteten Reiterkampf. Man stellt hier die Klarheit, die Genauigkeit der Gesten und Haltungen bei einem Sujet fest, das bei einem anderen als dem Meister A zur Übertreibung hätte führen können. Das Antlitz des Sterbenden, geschlossene Augen, geöffneter Mund, ebenso wie der Kopf des Pferdes und vor allem der Helm, der, obwohl das Gesicht Apollos verdeckend, von dessen mörderischem Ausdruck zeugt, sind besonders wirkungsvoll. Der rhombenartige Aufbau (sich aufbäumendes Pferd, der nach hinten fallende Körper, die gebrochene Lanze), durch den Baum im Hintergrund betont, verleiht der Miniatur eine seltene Dynamik.

dame qui nouuellement auoit este fondee en la cite
de nohort en la place meismes ou le temple apolins
auoit iadis este ainsi auint dune des filles le roy
gonozor dyrlande quelle fist son seigneur mourir
par tel engin comme ie vous ay conte Et si estoit
preudome et faisoit a loer de maintes choses. Il a
moit sa femme et elle licoit lui. Cy sen taist atant
le conte pour conter de lautre sueur coment elle
fu a culce vers son seigneur de torconuerie et de
desloyaute dont elle nauoit coulpe et comment
elle mourut et par quelle mescheance

Coment par la royne gloriande feme du roy apollo
de loenoiz fu la loy establie ou dit royaume et depuis
ailleurs q toute feme mariee prise en adultere seust
arse tout elle fu moult haye et en culee a tort de
fornicacion par faulses lettres. XXb

R dit le conte que quant le roy ap
pollo fu reuenu en loenois apres
ce quil ot fait enterrer son frere
le roy de cornouaille il fut moult
dolent quant il auoit este mort
de telle mescheance si en ot sa feme
assez contre cueur Et tant en fu
courroucie enuers elle que sil trouuast droite a
choison pourquoy il la peust destruire il la destrui
sist voulentiers car il lui estoit ades auis que
autre tel seroit elle de lui se elle en ueoit son lieu.
La dame se apperceut bien que il lauoit encontre
cueur de cellui fait si en fut moult dolente car

Miniatur 11, folio 23 verso

Diese Miniatur des Malers B verdeutlicht besonders den Stilunterschied zum Meister A. Sie zeigt einen gewissen Manierismus sowohl in der Haltung der Personen, als auch in der Art, wie sie gemalt sind: langgezogene Körper, schlank, rückwärts geneigt, was den Eindruck einer großen Leichtigkeit erweckt, maskenstarre Gesichter, feingliedrige Hände, lange Gewänder mit geschicktem Faltenwurf. Die Komposition des Dekors zeugt mehr von einem Bemühen um hübsches Aussehen als um ästhetische Strenge. Der Maler nutzt eine sehr breite Palette mit deutlicher Vorliebe für die frischen Farben.
Dieses Bestreben nach höfischer Kunst führt den Künstler dazu, sich von seinem Sujet zu entfernen, das alles andere als freundlich ist. In der Tat wird in der Szene die Königin Gloriande, Gattin des Apollo l'Aventureux, der König von Laonnois geworden ist, in dem Moment dargestellt, da sie ein neues Gesetz verkündet, das jede ehebrecherische Frau dazu verurteilt, lebendig verbrannt zu werden. Die Schuldige mit gebundenen Händen, aber tadellos geordneter Frisur, scheint in keiner Weise durch das Urteil erschreckt zu sein, obwohl das Feuer ihres Scheiterhaufens schon geschürt wird. Die anderen Personen scheinen ihrer Rolle als Richter oder Henker völlig fremd gegenüberzustehen.
Die männliche Gestalt mit den langen gespreizten Beinen verkörpert einen Typ, dem wir beim Maler F unzählige Male begegnen werden.
Diese Miniatur ist im Zusammenhang mit dem Text und dem eleganten Rankenornament, von dem er umgeben wird, ein ausgezeichnetes Beispiel für den Reichtum der Handschrift. Man bemerkt am oberen Rand die Figur eines Drachen, die nur einmal in diesem Codex vorkommt.

Initiation und Meditation

Die Frau ist die Seele des Mannes, die Macht der göttlichen Gestalt in ihm, und sie erwählt ihn dazu, die Konventionen, die Regeln und Normen der Gesellschaft zu verlassen, um sich auf ein Abenteuer einzulassen, das über sein Schicksal entscheidet. Seit den ersten Versionen, die man von Tristan und Isolde auf keltischem Gebiet, dem Entstehungsort der Legende, kennt, taucht dieses Thema immer wieder auf. Weniger zivilisiert, zweifellos archaischer und daher einem ursprünglichen Vorbild, dessen Spuren uns fast gänzlich verloren gingen, näher, enthüllten Geschichten wie die von *Deirdre und Noisi*[17] und vor allem *Diarmaid und Grainne*[18] in den irischen Briefen Grundlagen, die man in der Folgezeit in der mittelalterlichen Legende wiederfinden wird.

Immer ergreift die Frau die Initiative: sie zwingt den Helden vermittels der Macht eines Tabus, ihr zu folgen (was der Liebestrank wieder aufnimmt, indem er den Mann in seinem Wesen verändert: der Liebestrank, der auf der Heide Irlands, dem Land der Frau, zusammengebraut wurde); sie befreit sich kühn von allen ihren Feinden (es ist Isolde selbst, die in der mittelalterlichen Lehre den Pfeil lenkt, mit dem Tristan einen der verräterischen Höflinge tötet);

Elfenbeinkästchen, 14. Jahrhundert. Links: Tristan und Isolde, belauert von König Marc. Rechts: Das Einhorn. Metropolitan Museum of Art, Stiftung von J. Pierpont Morgan, 1917.
(© The Metropolitan Museum of Art, New York.)

sie entfacht im Mann die Heftigkeit des Begehrens, um ihm schließlich den körperlichen Genuß zu bereiten, der der irdische Beweis der Liebe selbst ist, ersichtlich in der Episode des „kühnen Wassers", das auf die Schenkel von Grainne in Irland spritzt (die Episode wurde in *Tristan und Isolde* auf Isolde Aux Blanches Mains übertragen). Dieses Begehren treibt die beiden Liebenden durch die Gnade der Übertragung von Anfang an dazu, sich dem „Wahnsinn" zu ergeben, der ihre Sinne überwältigt:

„In einem Garten, unter Geäst", schreibt Béroul, „haben (die Höflinge) die schöne Isolde mit Tristan gesehen und ihre Haltung war unzumutbar; mehrere Male haben sie sie dabei überrascht, wie sie völlig nackt im Bett von Marc lagen; denn wenn der König in den Wald zur Jagd geht und Tristan ihm sagt: ‚Ich komme mit', dann bleibt er im Palast und begibt sich ins Schlafgemach; die beiden Liebenden bleiben hier lange Zeit beieinander ..."[19]

Grainne, aus der in den späteren Versionen Isolde Aux Blanches Mains wurde, setzt ihre ganze Tatkraft ein, um das Paar zu führen. In diesem Zusammenhang muß man wissen, daß sie die Tochter des obersten Königs von Irland, des großen Cormac Mac Airt, ist, und sie deshalb an der *mystischen Herrschaft* Anteil hat. Hinzuzufügen ist, daß Diarmaid am Hofe des Gottes Œngus, dem Gott des Jenseits und der Liebe, groß geworden ist. Dieser teilt die Interessen des *Ebers* wider die Figur des *Hirsches,* den Finn repräsentiert. Finn ist der Gatte von Grainne, das Oberhaupt der Fianna – dessen Familienname auf altirisch *Demné* lautet, der Hirsch, der sich in erster Ehe mit der wunderbaren Hirschkuh Sadv vereint hatte, und dessen Nachkomme Oisin – der Ossian unserer Legenden – ist. Oisin bedeutet Hirschkalb, sein Enkel Oscar ist „jener, der die Hirschkälber liebt".

Nicht nur in diesem Punkt – Fachleute haben es schon zur Genüge hervorgehoben – bestehen enge, wenn auch nicht direkte und geographische, so doch symbolische und mythische Zusammenhänge[20] zu der Liebe von Aphrodite und dem schönen Adonis. Doch der Eber bleibt im Mittelalter im Traum das Sinnbild für Tristan: durch den Traum von einem Eber, der mit seinem Schaum das königliche Lager Marcs besudelt, wird der Ritter Mariadoc dazu geführt, den Ehebruch der Liebenden zu entdecken. Während bei einer symbolischen Übertragung der König mit dem Hirsch gleichgesetzt wird – sowohl durch seine Funktion als auch durch den *Sinn* des hervorgerufenen Bildes –, versinnbildlicht der König von Cornwall angesichts der Figur Tristan/Eber die Figur des *Pferdes:* Wenn Frocin, der Zwerg, der unheilbringende Astrologe, dem Dornengestrüpp das Geheimnis des Königs Marc anvertraut, dann deshalb, um der Welt mitzuteilen, daß dessen geheimes Zeichen in den Pferdeohren verborgen liegt.

Es herrscht eine ständige Rivalität, die den Neffen seinem Onkel gegenüberstellt (aber nicht irgendeinen der Neffen, noch irgendeinem Onkel: die Verwandtschaft wird immer durch die Frauen bestimmt, und es ist selbst-

Ritter. Ms.fr.3516. Bibliothèque de l'Arsenal, Paris. (Giraudon.)

verständlich nicht zufällig, daß Tristan der Sohn von Blanchefleur, der eigenen Schwester des Königs Marc, ist; als Sohn des Weiblichen vertritt er die innewohnende Gestalt des Weiblichen (was Jung seinerseits die *Anima* genannt hätte). Es geht also nicht, wie man so oft geglaubt hat, um einen *Ödipuskomplex,* der auf diese Weise ins Spiel kommt, und auch nicht um das psychische Problem des Aufbaus einer Persönlichkeit, sondern um einen weit größeren Einsatz, den Einsatz des Schicksals einer Seele, die sich vollkommen bekennt, die auf die Kraft der *ursprünglichen Seele* reagiert. Daher rührt auch die Struktur der ältesten Mysterien: Es sind nicht die Söhne des *Vaters,* sondern die der *Mutter,* jene, die ihr wahres Leben erst im Wahn des Eros beginnen und die angesichts ihres Todes – wie Adonis, Attys ... oder auch Jesus Christus in der gnostischen Tradition – die *ontologische Bestimmung* ihres Lebens entdecken.

Hier findet eine notwendige Verschiebung von einer Psychologie der Helden zu einer mystischen Versinnbildlichung statt, wobei diese eher als Spiegel der Menschheit in uns und deren Suche nach Sinn erscheinen, denn als Beispiele für einzigartige Wesen. Die Erzählung mit ihren Rückschlägen und ihren verdeckten Mechanismen wird zu einem *Rezital,* das die Prüfungen bei der Suche nach Liebe vorführt.

Liebe und Erkenntnis

Vergessen wir übrigens bei diesen Inselversionen, die uns die Situation *Tristans* fast völlig enthüllen, nicht die Parallele zum Schweinehirten in den „Gallischen Triaden"[21]. Die Schweine versinnbildlichen die Charaktere der Priester, die die Schlüssel zur Erkenntnis in der Hand halten. In einer anderen Version unglücklicher Liebe, die die Legende von *Baile und Aillinn*[22] darstellt, taucht erneut Œngus in der Geschichte auf, läßt die Liebenden durch die Hoffnungslosigkeit, die er erzeugt, sterben und bestimmt sie dabei zum ewigen Zusammensein jenseits dieses Lebens, in den Gefilden der Jugend, die das irische Paradies sind, und wo die Gemeinschaft der Pflanzenarten auf Erden den Triumph und gleichermaßen das unauslöschliche Zeichen dieses vollbrachten Mysteriums darstellen wird.

Laut Text wächst tatsächlich auf dem Grabe Bailes eine Eibe und viel weiter, Richtung Süden, auf dem Grab Aillinns ein Apfelbaum, der sich in sieben Jahren voll entwickelt. Nach abgelaufener Frist

„schnitten die Dichter, die Propheten und Seher die Eibe, die sich auf dem Grab Bailes befand und machten daraus eine Dichtertafel, worauf sie die

Isolde findet Tristan wieder, der im Sterben liegt. Tristan und Isolde, *Richard Wagner, 3. Akt. Zeichnung von W. Gause, nach der ersten Vorstellung an der Wiener Oper am 4. Oktober 1883. (© Roger-Viollet, Paris.)*

Visionen, die Hochzeiten, die Leidenschaften, die Liebschaften der Ulaten schrieben. Ebenso wurden die Liebschaften von Leinster in die Tafel graviert, die man aus dem Apfelbaum Aillinns herstellte."

Ist das aber schon die ganze Aussage, selbst wenn die Helden der Geschichte durch die Sprosse auf ihren Gräbern hier die Zeugen der *Grunderkenntnis* sind: der Erkenntnis der poetischen, prophetischen, visionären Macht? Sicher nicht, im Gegenteil, in der Verbindung der beiden Wesen, des Mannes und der Frau, und der beiden Provinzen, die in Irland nach der indoeuropäischen Vorstellung die Ordnung der Krieger und die Fruchtbarkeit der Erde symbolisierten, zeigt sich die Fortdauer des Eros, der unter Bürgschaft der höchsten Ordnung, d.h. am Hofe der Könige von Irland, denjenigen vergöttlichte, der in dessen mystischem Zentrum in Tara steht, König Cormac Mac Airt. Und der Text setzt fort:

„Dichter und Künstler aller Art kamen zu diesem Fest, ganz wie es der Brauch war, und brachten ihre Tafeln mit, auch jene beiden kamen dazu. Airt erblickte sie und verlangte nach ihnen. Man brachte ihm die beiden Tafeln, und er nahm sie in seine Hände, daß sie einander gegenüber standen. Und plötzlich stürzte sich die eine der beiden Tafeln auf die andere, und sie vereinigten sich, so wie sich das Geißblatt in einen Zweig rollt, und es war nicht möglich, sie zu trennen."[23]

Es handelt sich hier mit Gewißheit um die quasi reine Urform der mythologischen Lösung, die die Liebe von Tristan und Isolde krönt, in einem Maße, daß wir auch heute noch nicht in der Lage sind, sie uns anders vorzustellen. Schon im 12. Jahrhundert konnte sich Eilhart von Oberg in seiner deutschen Fassung nach dem Tod der beiden Liebenden keinen anderen Schluß vorstellen:

„Man erzählt auch (und man versicherte mir, daß es die Wahrheit sei), daß der König einen Rosenstock auf das Grab der Frau und eine Weinrebe auf das Tristans pflanzen ließ. Von gleicher Größe, verflochten sie ihre Zweige (was mir ebenfalls versichert wurde) so fest, daß man sie unter keinen Umständen trennen konnte, es sei denn, sie zerbrachen."[24]

Dieses Bild ist so stark, daß selbst der „Roman in Prosa", obwohl anfangs dazu bestimmt, den *Tristan* einzuengen, daraus Nutzen zieht. Als Marie de France über das sagenhafte Paar schreibt, zitiert sie das Bild in seiner deutlichen Verbindung mit der Macht des Todes:

„Es ist bei dem Paar wie mit dem Geißblatt, das sich am Haselstrauch festklammert: wenn es einmal den Strauch umwunden und umschlungen hält, können sie sehr lange zusammen leben, doch wenn man sie trennen will, stirbt der Haselstrauch alsbald und das Geißblatt überlebt ihn auch nicht.

Geliebte, so geschieht es uns auch: weder Sie ohne mich, noch ich ohne Sie."[25]

Erwähnenswert ist, daß Cormac, an dessen Hof sich das „Wunder der Tafeln" ereignet, auch der Vater von Grainne war, und daß es der gleiche Œngus ist, der über das Schicksal von Baile und Aillinn entscheidet, der Diarmaid erzogen hat und ihm zu Hilfe eilt, als er in Begleitung von Grainne in der Grotte von Ben Edair durch die Banden der Fianna belagert wird. Er wird die „verbotene Liebe des Paars" vor der Rache des Ehemanns und des verspotteten Onkels verteidigen – bis Diarmaid angesichts seines wunderbar verwandelten Milchbruders, des Ebers von Ben Bulben, auf sein Schicksal trifft, mit anderen Worten: er wird seines Doppelgängers, wie seines Doppelgängers im Jenseits, seines Doppelgängers an Erkenntnis, der sich ihm selbst im Tod enthüllt, ansichtig.

Miniatur 12, folio 28 verso

Mit dieser Miniatur beginnt die Geschichte des Tristan. Seine Mutter starb bei seiner Geburt und sein Vater, König Meliadus, zieht ihn mit Unterstützung von Gouvernal, einem der kühnsten Knappen seines Hofes, auf. Wir sehen sie hier bei der Jagd, einer der drei Aktivitäten, Krieg, Liebe, Jagd, die laut Gaston Phébus die wichtigsten waren. König Meliadus zu Pferde befindet sich in Begleitung des kleinen Tristan. Während sie einen Hirsch verfolgen, wird der König von den Lanzen zweier Mörder getötet. Der treue Gouvernal taucht gerade im rechten Moment auf, um Tristan zu retten. Laut Text flieht er mit ihm, um ihn unter den Schutz des Gallierkönigs Pharamont zu stellen.
Die Miniatur ist das Werk des Meisters A, der hier eine Steifheit zeigt, die man beinahe ungeschickt nennen könnte, besonders bei der Zeichnung der Pferde, die wie aus Holz gemacht zu sein scheinen und des Hirsches, der teilweise durch Bäume verdeckt wird, die ohne Anmut aufgereiht stehen. Man vergleiche diese Tierdarstellung mit den Bildern des „Jagdbuches" (französische Handschrift 616 der Bibliothèque nationale), die etwa aus der gleichen Zeit stammen und auf denen Tiere (Pferde, Hunde, Rehe) von bemerkenswerter Lebendigkeit und Wirklichkeitstreue zu sehen sind.

Miniatur 13, folio 30 verso

Tristan ist am Hofe Pharamonts herangewachsen. Doch Belide, die Tochter des Königs „liebt ihn zu innig". Da er gleichgültig bleibt – oder gegenüber seinem Gastgeber um Loyalität besorgt ist –, beschuldigt ihn die junge Frau aus Ärger, ihr Gewalt angetan zu haben. Das ist das unvergängliche Thema von Phädra und Hippolytos. Tristan erscheint vor dem König mit gebundenen Händen und betretener Miene, begleitet von Gouvernal, der seinen Schützling verteidigen will und von Belide, die den Arm anklagend erhoben hat.
Man wird bemerken, daß Tristan von kleiner Statur ist; auf diese Weise verstand der Künstler Tristans Jugend zu gestalten. Hier und auf den folgenden Bildern des Meisters A wird der zukünftige Liebhaber Isoldes nicht sehr vorteilhaft dargestellt. Aber erneut zeigt dieser Künstler seine meisterhafte Beherrschung der Porträts und sein Bemühen, ihnen in der Szene Ausdruck zu verleihen.
Vor dem König, der mit dem Schwert droht – Symbol der Gerechtigkeit und der Macht –, wird Belide ihrer Liebe nachgeben und die Lüge gestehen.

et le mettent dedens delhaitie et si malade comme il estoit mais oncques ne veistes si grant dueil faire ne greigneurs plores comme ceulx de cornoualle faisoient de cellui departement. le roy marc en ploure moult tendrement et autretel fait gouuernal et le saure tristan. Et quit tristan voit le dueil quilz font le demourer luy ennuye trop. et pource fait il la nacelle empaindre en la mer il a tendue sa voille qui petite estoit mais moult estoit belle si se fu en poy de heure esloignie de la riue si durement quil ne voit ne son oncle ne ses amis ne ceulx qui assez sont doulens de son departement. Comment tristan q[']ui moult estoit malade se mist seul en la mer en une petite nacele et p[']auenture arriua en yrlande au chastel du roy anguis ou q[']il trouua yseult la fille du roy qui le gary de ses plaies. XXXI

Ainsi sen va tristan p[']mer a grant doulour et a grant angoisse oncques mais ne fu ieunes homs si mal menes. Le vent le maine aual la mer et est si bonne sau ture que sa nacelle ne pille pas ains se uua p[']my les ondes nuit et iour comme une grant nef feust. mais sans faille elle ne sen aloit pas si tost ne si droit. et auecques ce il abatoit sa petite voille quant il se doubtoit daucune chose. Quant il or en telle maniere ale par la mer bien ii. sepmaines ou plus il luy ad

Miniatur 14, folio 34 recto

Tristan hatte sich in die Dienste seines Onkels, König Marc von Cornwall, begeben. Er tötete den Riesen Morholt, der jedes Jahr ins Land kam, junge Leute als Tribut zu fordern. Doch eine vergiftete Wunde, die nicht heilen will, ist vom Kampf mit dem Riesen zurückgeblieben. Er beschließt deshalb, allein aufs Meer zu fahren. In der Tristanlegende spielt das Meer als Symbol des Lebens, Ort der Geburt und des Todes, der Verwandlung und der Wiedergeburt eine wesentliche Rolle. Es hat Tristan nach Tintagel, dem Schloß des Königs Marc geführt, es wird ihn zu Isolde bringen. Im Augenblick seines Todes, dieser letzten Reise, wird das Meer auch wieder dabei sein.
Während die eifersüchtigen Höflinge Mitleid heucheln, verabschieden sich König Marc und sein Neffe mit gleicher Geste voneinander. Die Wasser werden Tristan nach Irland führen, wo er von der Königin, Morholts Schwester, und deren Tochter, Isolde la Blonde, aufgenommen wird. Sie heilen ihn, ohne seine Identität zu kennen.
Wie bei fast allen Seelandschaften, und nur bei diesen, ersetzt der natürliche Horizont den verzierten Hintergrund – ein blauer lichtdurchstrahlter Himmel. Bei dieser Miniatur, die von einer seltenen Ausdruckskraft zeugt, hat der Maler seinem Vergnügen am Malen freien Lauf gelassen, bis hin zur Verzierung des Bootes, die mehr graphisch als konventionell gestaltet ist.

Die Kriegerin und der Künstler

Vergnügen an der Archäologie eines Textes? Gewiß, aber noch viel mehr, zumal fast alle irischen Episoden in die mittelalterliche Legende übertragen wurden, der sie sozusagen als Grundlage dienen und so ermöglichen, durch die gleiche Dynamik den mystischen Sinn und, dank gewisser Veränderungen, die Wiederbelebung des Sinnes zu verstehen, woraus die Legende Nutzen zieht.

Das Christentum hatte sich ja inzwischen durchgesetzt und dem Naturalismus der keltischen Erzählungen (den man eigentlich einen *surnaturalen* nennen müßte oder so, wie man auch vom Surrealismus gesprochen hat, einen *Surnaturalismus*) wurde eine neue Problematik hinzugefügt. Deren zwei Hauptthemen sind die Transzendenz des Göttlichen und die neu gestellte Frage der existenziellen Schuld des Menschen. Man sieht sofort, wie die Behandlung dieser Begriffe *Tristan* immer mehr zum Stein des Anstoßes macht, je heftiger sich die sogenannte *religiöse Allgemeinverständlichkeit* und die Gesellschaft, die sich darauf stützt und darin ihre Sicherheit sucht, angegriffen fühlen.

Wie bereits erwähnt, ist Isolde voller Tatkraft. Sie trifft die Entscheidungen, sie liebt Tristan als erste, zweimal hat sie über sein Leben oder seinen Tod zu befinden, in jenen Momenten, da er nach den Kämpfen mit Morholt und dem Drachen von Irland verletzt, bis ins Herz vergiftet wurde und un-

Tristan und Isolde. Chorgestühl der Kathedrale von Chester, 14. Jahrhundert.
(© Canon M. H. Ridgway.)

Isolde als Sonnenfigur.
Die Sonne. Tarotspiel, 1392,
Jacquemin Gringonneur zugeschrieben.
(© Collection Viollet, Paris.)

Miniatur 15, folio 36 recto

Durch Isoldes Pflege genesen, setzt Tristan die Reihe seiner Heldentaten fort. Wir entfernen uns vom Mythos und finden uns erneut im Ritterroman wieder. Tristan, das Gesicht unter dem Helm verborgen, mit weißem Waffenhemd – sein Pferd mit Schabracke gleicher Farbe –, besiegt in einem Turnier zwei andere Ritter. Isolde, die sich auf einer seltsam in der Luft hängenden Loge in der linken Ecke der Miniatur befindet, sieht ihm zu.
Der Meister A erzeugte eine sehr schöne Wirkung durch diesen weißen Ritter, der eine fast gespenstische Haltung einnimmt. Auffallend sind auch die schöne Bewegung der durch den Wind aufgeblähten Schabracke und vom dokumentarischen Standpunkt aus betrachtet die Beinschützer, die auf beiden Seiten den Sattelknopf verlängern.

Miniatur 16, folio 37 verso

Das Turnier kaum beendet, stiehlt sich Tristan davon und befreit sich auf einer abgelegenen Wiese von seinem Waffenhemd. Weniger denn je will er die Aufmerksamkeit auf sich lenken: ein Stück Eisen ist in Morholts Schädel steckengeblieben, welches genau in die Scharte seines Degens paßt.
Das ins Gras geworfene Waffenhemd bleibt gespenstisch und wird noch besonders durch die Unwirklichkeit der Quelle betont, die einem rosafarbenen Becken entspringt. Die auf einem rot, gold und blau gewürfelten Hintergrund gezeichneten Bäume sind von einem sehr schönen Blaßgrün und mit gelben Tupfen versehen. Das prächtig gebaute Pferd ist an einem der Bäume angebunden.

nepueu dont ne me donnes vous la damoiselle
Sire ie feray mon pouoir dist tristan sachies
que ie vouldroie mieulx mourir se vous ne leussiez
grans mercis dist le roy Or vous hastes dist le
roy et vous appareillies et prenes en mon ho
stel telle compaignie comme il vous plaira
et gardes que ceste besoingne soit tost menee
afin de vostre pouoir Car bien sachies que ia
mais ne seray grantment lie iusques ie voie
en mon hostel yseult la bloie que vous maues
tant loee de beaute

Comment tristan par lemort du roy marc qui
ne vouit fors a le faire mourir se mist en mer auec
x chlrs pour aler en yrlande querir la belle yseult
pour le roy marc et des truuaulx et des pils quil y ot xxxv

Tristan ce dist listoire se retrai
sist moult voulentiers se il
peust de ceste emprise mais
il auoit iure deuant tant de
preudommes que du retraire
estoit tout neant Et pour te
sen taist et non pourquant
il congnoist bien quon lui enuoie pour morir
Car son oncle sauoit tout vrayement quil
nestoit en nul lieu du monde si mortellement
hays comme il estoit en yrlande pour le mor

Miniatur 17, folio 44 verso

Tristan, nach Cornwall zurückgekehrt, sticht erneut in See. König Marc möchte sich eine Frau nehmen, und seine Wahl ist auf Isolde gefallen, deren Schönheit von seinem Neffen gerühmt wurde. Er ist an Bord gegangen, wo er letzte Anweisungen gibt. Tristan, der sich noch nicht in Isolde verliebt hat, fährt ohne Gefühlserregung ab.
Der Meister A hat das mit Präzision gezeichnete Schiff doppelt eingefaßt, von Wasser und Felsen, was zu einem bemerkenswerten Bildaufbau führt. Die verwendeten Farben, eine Palette von Blau- und kalten Grüntönen, lassen die Szene in Abendstimmung, voller beklemmender Melancholie, erscheinen. Diese Miniatur ist mit jener vergleichbar, die auf der Rückseite von folio 50 dargestellt wird und auf dem Einbandmotiv wiedergegeben wird. Die Komposition ist die gleiche, jedoch scheinen die Felsen – ohne Bäume gezeichnet – das Schiff einzuzwängen, während der Himmel durch einen dekorativen Hintergrund ersetzt wurde, der jede Ausflucht unmöglich macht. Tristan kehrt mit Isolde zurück, und beide trinken irrtümlicherweise den Liebestrank, der sie aneinander binden wird. Hinter einer scheinbaren Unterwerfung gegenüber der herrschenden Ordnung wird sich die Liebe als höchster Wert behaupten.

mittelbar vor dem physischen Untergang steht. Sie – die einzige auf der Welt, die etwas tun, ihn pflegen und heilen kann – verhilft ihm tatsächlich zum Leben. Sie lügt, ohne zu zögern und begeht aus unserer Sicht *Meineid,* als sie bei dem zweideutigen Schwur Gott zum Zeugen ruft; aber Gott gibt ihr recht, und aus dem – nach Auffassung des Menschen – Meineid, aus der Zerstörung der Gesetze, macht er im Gegenteil den Zeugen der höchsten „Wahrheit".

Isolde ist in Wirklichkeit eine Sonnenfigur; wie das apokalyptische Weib, das den Glanz des Tagesgestirns widerspiegelt, verkörpert sie durch sich selbst das Licht, ist sie Appell ans Gewissen, Regung der Seele in ihrer ganzen Klarheit – Erinnerung an das übernatürliche Gold, das in den Tiefen eines jeden liegt? Jenes Gold, das der Glanz ihrer blonden Haare unablässig zum Ausdruck bringt, ebenso der königliche Reichtum ihrer bestickten Kleider, ihrer Gewänder, von denen man immer wieder liest, daß sie mit kostbaren Metallfäden gewebt, durchwirkt und vermischt waren...

Grainne ermöglicht hier erneut, die Dinge klarer zu sehen, da ihr Name im Keltischen mit der Sonne verknüpft ist. König Cormac Mac Airt ließ für sie in seiner Burg von Tara ein seltsames Zimmer bauen, das *grianan*: das Sonnenzimmer.[26] Wir rühren damit – ganz gegen unsere heutige Gewohnheit – an die ältesten Schichten menschlicher Mythologien, jene Schichten, die noch vor den agrolunarischen Kulten liegen, auf die wir uns gewöhnlich immer beziehen, und in dieser seltsamen Farbe tauchen Bilder aus der Seele auf, wo die Sonne weiblichen und der Mond männlichen Geschlechts ist.*

Mit anderen Worten, es handelt sich um die besondere Konstellation, die fremdartige Verbindung einer Frau Sonne mit einem Mann Mond. Man wird sich in diesem Zusammenhang an die Frage Malraux' erinnern, als er über die Königin Saba und ihr legendäres Königreich nachdachte – im gleichen Kulturraum, wo man den Mondgott bewunderte, Hur in Chaldäa oder Sin in Babylon oder auch Men in Phrygien:[27]

„Ich liebe die Inschriften, die sich auf die verwirrenden Götter beziehen: der Mondgott Sin ..., Dat-Badan, die Sonnenkönigin und Uzza, ein männlicher Venusgott – in so vielen Inschriften genannt, aber noch unbekannt... Man sinnt über die Geschlechtlichkeit des Volkes nach, das Venus als Mann erdachte und in der Sonne das weibliche Merkmal der Fruchtbarkeit und im Mond einen gütigen und friedenstiftenden Vater sah. Ist diese Segnung der Nacht in der Wüste entstanden? Doch die anderen Wüstenvölker, die zur gleichen Zeit lebten, machten aus dem Mond einen grausamen Gott. Welche wirre oder reine Geschlechtlichkeit beeinflußte im Gegensatz zu den anderen das Denken dieser verschwundenen Rasse, die laut Legende, was nicht historisch bewiesen ist, von sich sagt, immer von Königinnen regiert worden zu sein?"[28]

---

* In den romanischen Sprachen ist die Sonne männlichen und der Mond weiblichen Geschlechts.

Der Mond. Zwei Astrologen messen den Stand der Sterne und der Planeten. Tarotspiel, 1392, Jacquemin Gringonneur zugeschrieben.
(© Collection Viollet.)

Auf diese fremd anmutende geheimnisvolle Frage, die sich auf einen Traum der Menschheit bezieht, der im Nebel der Geschichte verloren gegangen zu sein scheint, geben uns gerade Tristan und Isolde eine sehr deutliche Antwort. Denn so wie Isolde *Leben*, *Wärme* und *Orientierung* für Tristan bedeutet (so stark, daß er, von ihr getrennt, nicht säumt, den Ozean von der französischen Bretagne zur britischen Insel zu überqueren, um sich in den Strahlen dieses Gestirns zu sonnen, ohne die er verlöschen würde, da sein Leben keinen Sinn mehr hätte), so erfolgen auch die Heldentaten Tristans immer nur auf Veranlassung der Königin. Weil er Morholt getötet hat, wird er sie zum ersten Mal in Irland erblicken; um sie zu gewinnen, bekämpft er den Drachen;

Tristan kämpft mit dem Drachen. Prosa-Tristan.
Ms.fr.112, 15. Jahrhundert.
(Bibliothèque nationale, Paris.)

und um sie so recht zum Lachen zu bringen – einem schrecklichen, wilden Lachen –, tötet er die treuebrüchigen Höflinge mit seinen Pfeilen oder köpft sie, um die Häupter der Frau zu Ehren zu bringen. Abgesehen von diesen Episoden ist Tristan vor allem ein Held der Harmonie, der Schönheit, der Kultur, des Leidens als Prüfung, was ihn dem Tod nahebringt.

Tristan ist durch und durch Künstler, er versteht das Trällern der Vögel zu imitieren, ist der beste unter den Harfinisten und als er, durch die Stichwunde Morholts vergiftet, sich den Fluten des Meeres anvertraut, schmeichelt er den Gewittern durch seine wunderschöne Musik. Ebenso bringt er die Zivilisation an den Hof, als er den Bogen erfindet, dessen Pfeile niemals ihr Ziel verfehlen; als er in dem Saal, den Thomas uns beschreibt, die lebenden Bilder von Isolde und Brangäne formt, als er Husdent beibringt, lautlos zu jagen oder den „Barbaren" (das waren vor seiner Zeit noch die Knappen und Edelleute des Königs Marc) zeigt, worin die Kunst der Hetzjagd besteht und wie entsprechend genauer Regeln der Einzug nach der Jagd zu organisieren ist, wie das Chaos, das bis dahin regierte, verhindert wird und wie, indem man sich den *wahren Regeln* beugt, *eine Inszenierung daraus entsteht.*

Schließlich ist er im wahrsten Sinne des Wortes ein Mann der Passion, jener Passion, die duldet und leidet – so wie man von der Passion Christi spricht –, wenn Isolde ihn zweimal, an der Grenze zum Tod aus der endgültigen Nacht, der Finsternis des *schwarzen Mondes,* die ihm auflauert, holen muß und ihm über das Mysterium hinaus, dem er auf diese Weise begegnet, wieder Leben schenkt, neuen Atem, und Licht, das ihn jedes Mal wiedererstehen läßt, verändert und zu neuem Bewußtsein erhebt.

Der Liebestrank oder die Erleuchtung des Geistes

Tristan und Isolde könnte deshalb auch wie ein kosmogonischer Mythos gelesen werden, wie die verhinderte Liebe von Sonne und Mond zur Erde – wobei Autoren auf dieses Thema nicht verzichtet haben.[29] Übrigens gewiß zu Recht. Doch ehe man einen Aspekt der Erzählung von den anderen trennt, wäre es nicht besser, sie zusammen zu lesen und entsprechend dem alten Gesetz der Übereinstimmung des menschlichen Mikrokosmos und des gesamten Universums daraus Schlüsse für die geistige Entwicklung zu ziehen, die in einzelnen Seelen und der Seele der Welt spiegelartig abläuft?

Wenn man die gleiche Bahn verfolgt, muß man, nach der *Initiation* in Form der verschiedenen Prüfungen Tristans (der Kampf mit Morholt, die Schiffahrt nach Irland, erste Genesung, der Kampf mit dem Drachen, die Rettung durch Isolde, zweite Genesung und schließlich vor allem *die Vergebung, die*

Tristan trinkt den Liebestrank. Prosa-Tristan. Ms.fr.112, 15. Jahrhundert. (Bibliothèque nationale, Paris.)

Tristan bei Isolde in der Badeszene findet – ohne die in der Tat nichts geschehen könnte), jene zentrale Szene der Geschichte festhalten, jenen Augenblick außerhalb der Zeit, wo plötzlich alles ins Wanken geraten ist und sich das Schicksal der Helden entscheiden wird: die *Szene des Liebestrankes.* Sie ereignet sich am Tag des hl. Johannes, d.h. zur *Sommersonnenwende,* zu jenem Zeitpunkt, an dem die Sonne ihren Jahreszenit erreicht hat und die Erde in ihre gleißenden Strahlen taucht: *sie ereignet sich am Tag Isoldes, in ihrer Macht, ihrem Glanz, wo ihr Antlitz Abbild der Verkündigung des Lebens ist.*

Um so mehr, als der Liebestrank, wie wir bereits wissen, auf irischem Boden zubereitet wurde: er ist *das Zeichen Isoldes,* weniger ein Getränk, das an diesem heißen Tag den Durst löschen soll (einfacher Wein mit Kräutern gemischt), sondern in erster Linie Alkohol; er ist *ein Nährwasser, das hauptsächlich brennen soll* – und das tatsächlich brennt, das das Herz Tristans verzehrt. Handelt es sich dabei um ein unabwendbares Geschehen, ein Schicksal, das sich in Bewegung setzt und die Liebenden erdrückt? Oder ermöglichen Isolde, die sich hingibt durch ihr symbolisches Konzentrat, und Tristan, der von der Essenz der Frau Besitz ergreift, die Enthüllung eines Prinzips? Dieses Prinzip wird Tristan nunmehr lenken. Es läßt ihn in die Regionen des Lichts vordringen, trennt ihn gleichzeitig von allen Rechten und Pflichten der Gesellschaft und löst ihn von der *Allgemeinverständlichkeit Gottes,* um Zugang zu jener weiblichen Meditation zu finden, die ihm seinen inneren Sinn eröffnet. Zwei Bemerkungen zu diesem Punkt dürften zweifellos genügen.

Wir müssen zuerst einmal den Liebestrank Tristans mit der Geschichte Diarmaids vergleichen: um den Krieger zu gewinnen, muß Grainne die gesamte sie umgebende Gesellschaft einschläfern, ebenfalls durch einen Zaubertrank, damit der Mann, den sie auserwählt hat, mit ihr allein bleibt. Als er sich dann weigert, mit ihr zu fliehen, muß sie ihn durch einen *geis,* ein Tabu der Zerstörung, zwingen, ihr zu folgen. Man bemerkt sofort, wie sich diese Szene im *Tristan* umkehrt und dadurch eine völlig neue Dimension erhält; der Zaubertrank ist nicht dazu da, um das Bewußtsein jener auszulöschen, die bei dem Schauspiel anwesend sind, sondern er erhöht im Gegenteil in der sicheren Einsamkeit des Schiffes auf dem Meer das Bewußtsein Tristans, indem das Begehren, das in seinem Herzen verborgen lag, ohne daß er es wußte, geweckt wird. Der *geis,* das Tabu Grainnes, wird also unnotwendig, und das äußere Geschick, das den Willen beugte, wird durch das *innere Schicksal* ersetzt, das im Gegensatz dazu Ausdruck inneren Wollens ist.

Ein zweiter Punkt ist festzuhalten: Liegt nicht ein Sinn darin, daß die junge Brangäne, die den Liebestrank reicht, die Dienerin Isoldes, ihr Double und ihr Ebenbild, uns mit ihrem Namen auf die Königin der Liebe verweist, auf Branwen aus dem *Schwarzen Buch von Camarthen,* ebenso auf Branwen, die, mit den Zügen der Tochter von Llyr, aus der Nebenlinie des *mabinogi gallois*[30] stammt? In einer parallelen Version des *Tristan,* die in der Renaissance in Wales ihre endgültige Form findet, heißt Brangäne einfach *Golwg Haffdydd,* was „die Schönheit eines Sommertages" bedeutet. Auch hier gibt es einen Bezug zu jenem Mittsommertag, an dem sich die Liebenden finden, wobei die Welt angesichts des höchsten Glanzes der weiblichen Sonne schweigt.

Trunkenheit und Freiheit

Was der Liebestrank verursacht, ist in Wirklichkeit eine *mystische Trunkenheit;* es ist die Trunkenheit desjenigen, der *soma* getrunken hat, den reinen Wein des Herrn unter dem Zeichen und der Prägung der verbindenden Seele. Er ist nicht die Immanenz des Eros im Herzen: durch seine symbolische Funk-

Miniatur 18, folio 48 recto

In Irland angekommen gelingt es Tristan, als Sieger in einem Zweikampf das Vertrauen des Königs Angin von Irland zu erwerben. Dadurch kann er für seinen Onkel, König Marc, um die Hand Isoldes anhalten.
Im Laufe der Erzählung kehrt das Ritterthema wieder, vertritt einen Menschentypus, der gleichzeitig seinem Glauben und seinem König unterworfen ist. Hier erkämpft Tristan für einen anderen König den Sieg, um damit König Marc zu dienen. Ein doppelter Gehorsam, den er mit dem Schwert in der Hand erfüllt, der Waffe des Ritters und des christlichen Helden. Der Meister A gibt uns damit ein ausgezeichnetes Dokument der Zweikämpfe, die auf „Turnierplätzen" ausgetragen wurden. Eine gelungene perspektivische Wirkung wird durch die Anordnung der Balken erreicht. Man beachte, daß das grüne Waffenhemd Tristans, das er über seine Rüstung gezogen hat, mit drei königlichen Kronen durchwirkt ist.

Miniatur 19, folio 71 recto

„Weder Sie ohne mich, noch ich ohne Sie." Tristan und Isolde können nicht voneinander getrennt werden, aber Isolde, dem König Marc versprochen, muß diesen heiraten. In der Hochzeitsnacht jedoch legt sich die treue Brangäne auf das königliche Lager. So wird Isolde nur scheinbar mit dem König vereinigt. Wenn die Leidenschaft so groß ist, läßt sie sich dann verbergen? Die Höflinge erraten das Geheimnis der Liebenden. Oder besser: „Mehrere Male haben sie sie nackt im Bett des Königs Marc gesehen", schreibt Béroul. Mit ihrer Unterstützung wird sie der König überraschen. Des Ehebruchs überführt, sollte Tristan verbrannt und Isolde zu den Aussätzigen verbannt werden.
Es gelingt ihnen jedoch zu fliehen, und beide leben im Wald von Morois. Es folgt die Vergebung und die Trennung. Isolde wird an den Hof zurückkehren und Tristan findet in der Bretagne Zuflucht, wo er die Tochter des Herzogs Hoel, Isolde Aux Blanches Mains, heiraten, doch der Erinnerung an Isolde La Blonde treu, nicht mir ihr das Bett teilen wird. Tristan und „die andere Isolde" werden Hand in Hand dargestellt, der wohlwollende Blick des Herzogs Hoel ruht auf ihnen, währenddessen Gouvernal – immer gegenwärtig – sich mit Kaherdin, dem Bruder der Prinzessin unterhält. Es handelt sich hier um eine „höfische" Szene par excellence. Die Zeremonie, obwohl vereinfacht, auf die wichtigsten Personen beschränkt – die Eheleute, der König und Vater, zwei Zeugen –, mit dem knappen Dekor zweier Bäume und einer blühenden Wiese, übt eine suggestive Kraft auf.

Miniatur 20, folio 80 recto

Wenn Tristan es auch ablehnt, sich mit der Prinzessin zu vereinigen, so dient er doch wenigstens dem Herzog Hoel und besiegt dessen Feinde. In dieser Miniatur, die, ebenso wie die vorherige, dem Meister A zu verdanken ist, tötet Tristan den Riesen Nabon, der die Bevölkerung des Königreiches terrorisierte. Wie auf der Miniatur auf folio 48 ist Tristan in den Farben seines Wappens gekleidet: Grün mit Goldkronen besetzt, dreieckig angeordnet. Ohne realistisch zu sein, ist die Szene doch sehr ausdrucksvoll.
Die bevorzugte Waffe des Riesen war eine Keule, mit der er die Schädel seiner Gegner zerschmetterte. Tristan verwendet hier die Waffe seines Feindes, der ausnahmsweise ein Schwert trägt. Man kann feststellen, daß Narbon mit einer Rüstung angetan ist, während Tristan Langstrümpfe und Leibrock trägt. Der brutalen Kraft setzt er Flexibilität entgegen. Die Mächtigkeit des Riesen wird vor allem durch die Größe seines Schwertes im Vordergrund verdeutlicht.

Miniatur 21, folio 103 recto

Nachdem Tristan von Isolde La Blonde eine Nachricht erhalten hat, in der sie von ihrem Schmerz, ihn verloren zu haben, spricht, begibt er sich in das Schloß Tintagel. Hier trifft er heimlich jene, für die er noch immer eine unendliche Liebe empfindet. Erneut von ihr getrennt, verfällt er in tiefen Schmerz. Im Zimmer eines Herrenhauses, wo er Zuflucht gefunden hat, hört er einer Musikantin zu, die ihm Verse zur Harfe singt: drei „Lais", die er einst für Isolde komponiert hatte.
Wir entdecken hier zum ersten Mal den Meister D in dieser höchst reizvollen Komposition, in der die Perspektive ignoriert wird. Die groß dargestellten Personen haben eine starke Präsenz, und dem Maler gelingt besonders der Ausdruck der Melancholie (wir würden heute Depression sagen), die auf dem Gesicht Tristans erscheint. Dieser liegt samt Rüstung auf seinem Bett ausgestreckt, denn der Künstler wollte zeigen, daß Tristan in erster Linie Ritter, dann erst ein Verliebter war.
Wenn die Personen auch mit größter Genauigkeit gemalt sind, ist das Dekor hingegen nur angedeutet. Der Maler weist lediglich darauf hin, daß es sich um einen Alkoven handelt, dessen Vorhänge geöffnet sind.

Der Narr. Statuette, 1480. (Münchner Stadtmuseum, München.)

tion ist er im Gegenteil das Merkmal der *Transzendenz der Liebe,* einer so zuverlässigen Transzendenz, daß man sie ausschließlich durch das Bild, das sie schafft, empfinden kann – die Auszehrung im Feuer und die *aqua permanens,* woraus die innigste Verbindung zwischen der Frau und Gott entsteht.

Es genügt also nicht mehr, zu behaupten, daß Tristan wie gottestrunken ist (gemeint ist hier ein innerer Gott, nicht der der Kirche) – durch Isoldes Gnade findet er das Prinzip: so wie es *Gottesnarren* gibt, wird Tristan „närrisch", um damit besser die ganze Wahrheit des Eros auszudrücken; so wie es *Gottsucher* gibt, wird Tristan seit dem Exil ein ewiger Vagabund, der immer wieder an die Quelle seines Lichts zurückkommt (man müßte natürlich auch die Frage nach Tristans *Exil,* nach dem Wald von Morois stellen: es gibt wirklich erst das *Exil,* seit er „in der Welt" lebt. Das Akzeptieren des Diesseits, der Ordnung der Menschen, der Doppelnatur des Menschen auf dieser Erde und der Gesellschaften, die er aufbaut, bedeutet, daß man *seinen eigenen Ort* verläßt: sinnfällige Metapher für die Seele, die aus ihrem inneren Reich gestürzt ist und für die Wirklichkeitsform, die damit verbunden war). So wie es *Zurückgezogene in Gott* gibt, wird Tristan schließlich von seiner eigenen Frau, den ihn umgebenden Normen und der Gesetzespflicht zurückgezogen leben und nur dem „Gesetz" gehorchen wollen, das sich an jenem Tag der Sonnenwende enthüllt hatte: ein „Gesetz", das sich außerhalb der Gesetze durchsetzt und das ohne Umschweife behauptet, daß es nunmehr nichts Verpflichtendes mehr gibt, als *ein von Gott gesegnetes Leben* zu führen.

Worin man gewöhnlich blinden Zwang sehen würde, liegt im Gegenteil eine absolute Freiheit. Die Betrachtung des sichtbaren Antlitzes der himmlischen Göttlichkeit in der Frau bewirkt das Überschreiten der Kategorien des Guten und des Schlechten zugunsten einer vollkommenen Unschuld, die sich damit rechtfertigt, in das Licht der Sonne getreten zu sein.

Mystische Trunkenheit, mystischer Wahnsinn, mystisches Suchen: nicht zufällig drängen sich diese Begriffe auf, wie sie auch keinesfalls „ein Gegenbeweis" der mitreißenden Kraft sind, die das menschliche Wesen seiner vollkommenen Transzendenz entgegentreibt. Will man sie richtig verstehen, dann stellen sie die Abenteuer Tristans unter die Obhut von Isolde, der Königin, dann tragen sie den wirklichen Sinn (den „vektoriellen" und den signifikanten Sinn), dann sind sie Ausdruck für die Wirklichkeit der Seele auf der Suche nach dem Land ihres Ursprungs.

Miniatur 22, folio 118 recto

Diese neue Miniatur des Meisters D ist eine Antwort auf das vorangegangene Bild. In Tintagel hat man den Tod Tristans bekanntgegeben. Abseits in einem Park des Schlosses singt Isolde von ihrem unendlichen Schmerz und läßt ihre Absicht laut werden, sich das Leben zu nehmen. König Marc, hinter einer Baumgruppe verborgen, hört ihr zu, zwischen Eifersucht und Liebe hin und her gerissen. Er wird sich aber bemühen, sie von ihrem Vorhaben abzuhalten. Der König, am Boden hockend, in seinen Mantel gehüllt, in der beschämenden Haltung des spionierenden Ehemanns, wirkt mitleiderweckend. Er ist nicht mehr der König, höchste Macht in Gottes Namen, symbolisches Bindeglied zwischen Himmel, Erde und Mensch. Er ist unfähig, diese Rolle zu erfüllen. Und selbst bei dem persönlichen Drama, das er erlebt, ohne zu begreifen, schwankt er in seiner Unentschlossenheit und will die Verantwortung anderen aufbürden. Mit einem grotesken Gebrechen behaftet – er hat Pferdeohren –, fühlt er sich dazu verurteilt, ungeliebt zu sein, doch er resigniert nicht.
Diese Miniatur besitzt die gleichen Qualitäten wie die vorangegangene. Sie überzeugt durch eine bemerkenswerte Ausdruckskraft. Und damit erhält eine Szene, die der reinsten „höfischen" Tradition angehört, eine ergreifende Dimension, die ihr wirkliche Menschlichkeit verleiht.

Miniatur 23, folio 143 recto

Die Szene illustriert erneut eine höfische Abschweifung des Romanautors. Kaherdin, Bruder von Isolde Aux Blanches Mains, hat sich ebenfalls in Isolde La Blonde verliebt, welche natürlich seine Annäherungsversuche zurückweist. Er verfaßt daraufhin ein Gedicht, das seinen nahen Tod ankündigt, übergibt es einem Boten und stirbt.
Dieses Bild des Miniators E läßt eine plumpe, unbeholfene Malweise erkennen. Die Personen sind in groben Umrissen gemalt, und das Dekor beschränkt sich auf eine ungeschickte Skizzierung. Es ist die einzige Miniatur dieses Künstlers, die wir in unserer Ausgabe wiedergeben.

Miniatur 24, folio 199 recto

Der Knappe von Lucan le Bouteiller, Ritter des Königs Artus, bittet für seinen Herrn um Gastfreundschaft bei Danain, der sich im Haus seines Verwandten Daras aufhält, wo Tristan als Gefangener festgehalten wird. Lucan wartet auf den erfolgreichen Ausgang der Vorsprache seines Knappen, seine Haltung ist gleichermaßen liebenswürdig und stolz.
Der Meister F, dessen Malweise der des Meisters B sehr nahe steht, hat seiner Vorliebe für schlanke, ätherische Gestalten freien Lauf gelassen. Der Wind bläst unter den Mantel Lucans und enthüllt sein langes Bein; seine Hände drücken die Ungeduld des Wartens aus. Sein bärtiges Gesicht ist in fast karikaturistischer Weise gezeichnet. Stammt die Landschaft von gleicher Hand? Die kaum skizzierten Bäume sind ebensowenig maßstabsgerecht wie das Schloß. Der Hintergrund mit abwechselnd senkrechten und waagrechten Strichen entspricht der Zeichnung des Schloßdaches, das durch weiße Striche auf ausgewaschenem Blau angedeutet wird.

Die Weisheit des verborgenen Gottes

Im Gegensatz zu jener Pleiade von Denkern, die sich so darüber empörten – und es oft bevorzugten, eine bestimmte Auffassung von Gott für grundsätzlich unsittlich zu erklären, statt die wirklichen Konsequenzen verstehen zu wollen –, haben wir keine Mühe mehr zu verstehen, daß Tristan und Isolde, schuldig vor Marc, das heißt vor der Welt, unaufhörlich ihre völlige Unschuld verteidigen und jedes Mal, wenn es nötig ist, *im Namen dieser Unschuld* an den Schutz Gottes appellieren. Nun, Gott erkennt sie an, er bezeugt, in welchem Maße sie von Schuld frei sind, er kommt ihnen immer zu Hilfe, indem er klar herausstellt, daß sie gesetzlos leben nach dem „Gesetz" seines Herzens.

Aber dieser Gott ist nicht der des Königreichs von Marc und seinen Höflingen, auch nicht der der Kirche: es ist der Gott, der in der *Sonnentheophanie* Isoldes entdeckt wurde, der Gott, der sich im *geistigen Königtum* Artus' und seiner Gralsritter darstellt, weit hinausragend über die zeitlichen Königreiche und den materiellen Besitz des Königs von Cornwall und dessen großer Lehnsherren.

Artus weiß ganz genau von dem Ehebruch Tristans und dem Verrat Isoldes: Er garantiert dennoch die Reinheit ihrer Herzen und ihre vollkommene Unschuld und zögert nicht, soweit zu gehen, sich bei der Episode der Fälschung „einzumischen" oder die *Aufrichtigkeit* Isoldes zu bezeugen, als sie den Abenteurer Gué belügt: Wie soll man es deutlicher sagen, als daß sich hier *zwei Wirklichkeitsbereiche* behaupten und daß, beim Übergang von einem zum anderen, sich alle Zeichen umkehren und die Legitimität der Liebe eine Weltordnung umstößt, die vom geistigen Geischtspunkt aus gesehen nichts anderes als eine Unordnung ist?

Es ist Gott, der ‚Gott' verneint, damit ‚Gott' schließlich besser bejaht wird.

Béroul fürchtet sich nicht, zu zeigen, wem das Herz Gottes zugeneigt ist, das Tristan um Mitleid anfleht („Edelleute, hören Sie, wie barmherzig ‚Gott, der Herr' ist!")[31]. Auch in der Episode des Sprungs von der Kapelle beweist er seinen Glauben an Gottes Hilfe. Als Tristan ein sakrales Gebäude für seine List nutzt und ihm geheuchelte Reue als Vorwand dient, um der natürlichen Strafe entsprechend, den von „Hof" und „Kirche" festgelegten Regeln zu entgehen, sagt er: „Seine Wächter können Tristan lange vor der Kirche erwarten, er ist schon weit weg! Gott hat wirklich Mitleid mit ihm gehabt!"[32] Soviel Mitleid, daß er diesen Skandal, als der er allgemein angesehen wird, als *Wunder* besiegelt, in welchem sich das Geheimnis seiner Güte entfaltet: Als sich der waghalsige Held in den Abgrund stürzt, um der königlichen Justiz zu entgehen, kommt plötzlich Wind auf, der seinen Mantel aufbläht und ihn sacht auf dem nachgiebigen Boden landen läßt.

Man versteht daher auch, warum die Welt ganz allgemein die Tristanlegende so gern zerstören wollte oder warum die Anhänger eines gebotsgetreuen Gottes im Laufe der Jahrhunderte unaufhörlich versuchten, sie zu normalisieren (fast im gleichen Sinne wie man die Dissidenten der Sowjetunion normalisierte), im Namen des Opfers, das die Liebe zu bringen hat!

Das heißt, daß jede Liebe aus der Sicht der Welt wirklich ein Wahnsinn ist – weil sie sich auf der Grundlage von etwas Unmöglichem in dieser Welt rechtfertigt. So treibt sie jeden Sterblichen dazu, sich als unsterblich zu sehen: Tristan und Isolde sterben daran, ihre Liebe nicht ertragen zu haben, und die Pflanzen, die auf ihrem Grab sprießen, um sie beide für immer zu verbinden, sind der sicherste Beweis dieser Ewigkeit ihres Seins. Das heißt, daß jede Erotik uns daran erinnert, daß die Frau die Hypostase des Antlitzes der *Sophia* auf Erden ist, der Weisheit des verborgenen Gottes, und daß die Frau *auf Grund ihrer ontologischen Natur* sich mit dem Göttlichen innig verbunden fühlt – was jede Gesellschaft grundsätzlich am meisten fürchtet.

Aber ist es heute nicht an der Zeit, auf den Gedanken zurückzukommen, das Unmögliche zu versuchen, sich wie Unsterbliche zu verhalten, zu denen die Gesetze keinen Zutritt mehr haben – und, um die Worte wiederaufzunehmen, die der Philosoph verwendet, von der „metaphysischen Vollkommenheit" und von der „geistigen Macht" zu sprechen, die der Weiblichkeit innewohnen, „also eine Welt wiederzugewinnen, in der die Liebe jeder Erkenntnis vorausgehen müßte und der Sinn des Todes nur die Sehnsucht nach Auferstehung wäre"?[33]

Anmerkungen

[1] Chrétien de Troyes: „Cligès", Ed. Champion.
[2] Dante: „Die Göttliche Komödie", fünftes Lied der Hölle.
[3] Allgemeine Korrespondenzen von Sir Walter Scott (Brief von 1805).
[4] Denis de Rougemont: „L'Amour et l'Occident", letzte Ausgabe in der Sammlung 10/18.
[5] „Der Roman von Tristan in Prosa". Siehe vor allem die in Arbeit befindlichen Ausgaben von Renée Curtis, Cambridge, Brewer und von Marie-Luce Chènevie und Philippe Ménard, Honoré Champion.
[6] Paul Claudel: „Der Seidenschuh", zweiter Tag.
[7] „Einführung in Tristan und Isolde" von Jean-Charles Payen, Zusammenstellung der Übersetzungen des „Tristan" von Béroul und Thomas, der beiden „Folies" von Bern und Oxford und des „Lai du Chèvrefeuille" von Marie de France.
[8] Siehe Eilhart von Oberg, Übersetzung D. Buschingen und W. Spiewak, Sammlung 10/18.
[9] Siehe Gottfried von Straßburg, Übersetzung D. Buschingen und J. M. Pastre, Göppingen, A. Kermmerle.
[10] Siehe „Tristams saga" des Bruders Robert, Übersetzung D. Lacroix, in „Tristan und Isolde": Die französischen Dichtungen, die nordische Saga", in Livre de Poche.
[11] Siehe besonders J. Bédier: „Der Roman von Tristan und Isolde", Piazza; R. Louis: „Tristan und Isolde", Livre de Poche; A. Mary: „Die wunderbare Geschichte von Tristan und ihre wahnsinnige Liebe", Livre de Poche; Michel Cazenave: „Tristan und Isolde", Albin Michel.
[12] A. C. Swinburne: „Tristram of Lyonesse".
[13] Richard Wagner: „Tristan und Isolde" (Ausgabe und Übersetzung: Payot).
[14] Thomas Mann, „Tristan", éditons Kra, Paris, Albin Michel.
[15] Charles Morgan. Siehe in „Sparkenbroke", die Betrachtungen zu der Legende und der Versuch einer Neufassung durch den Helden des Romans (Ausgabe zugänglich in Livre de Poche).
[16] Siehe Platon: „Phädra", 265, B.

[17] Siehe „Das Exil der Söhne von Usnech" in dem Zyklus der Ulaten, übersetzt von Georges Dottin in „Das irische Epos" (letzte Ausgabe: Les Presses d'aujourd'hui).
[18] Siehe die Auszüge aus der Geschichte von Diarmaid in „Das irische Epos" (ebenda). Vollständige Aufstellung und Analyse der Geschichte in Jean Markale: „Das keltische Epos von Irland". Die aufschlußreichsten Erklärungen und Schlußfolgerungen findet man in dem Buch von Alwyn und Brinley Rees, „The Celtic Heritage", Thames and Hudson ed (London).
[19] „Tristan" von Béroul, Verse 563 bis 572.
[20] Siehe Alwyn und Brinley Rees. op. cit.
[21] Siehe besonders die Triade 63, zitiert in J. Bédier, „Der Roman von Tristan durch Thomas", S. A. T. F.
[22] „Die Geschichte von Baile in klangvoller Sprache", in „Das irische Epos" (op. cit.).
[23] Ebenda.
[24] Siehe Eilhart von Oberg (op. cit.)
[25] Marie de France, „Le Lai du Chèvrefeuille", in Jean-Charles Payen, „Tristan und Isolde" (op. cit.).
[26] Siehe „Fled Dúin na nGód" in Dillon „The Cycle of the Kings", Cambridge University Press.
[27] Siehe das Kapitel „Der Mann vom Mond", in Esther Harding: „Die Geheimnisse der Frau", éditions Payot.
[28] André Malraux: „Anti-Memoiren", in „Le Miroir des limbes", Gallimard.
[29] Siehe besonders Jean Markale: „Das keltische Epos" und „Die keltische Frau", beide bei Payot.
[30] In „Die Mabinogion, bardisch-gälische Erzählungen", Übersetzung von Joseph Loth (letzte Ausgabe: Les Presses d'aujourd'hui).
[31] „Tristan" von Béroul, Verse 883 bis 887.
[32] Ebenda, Verse 902 bis 935.
[33] Henry Corbin: „La Sophia éternelle, à propos de la Réponse à Jacob", in Revue de Culture européenne, 1953, übernommen in Cahier de l'Herne, gewidmet C. G. Jung.

Der Tristan des Herzogs von Berry

Edmond Pognon

Die in Faksimilequalität wiedergegebenen Miniaturen dieser Ausgabe von „Tristan und Isolde" illustrieren die Handschrift, die in der Nationalbibliothek Wien unter der Signatur Codex 2537 aufbewahrt wird. Dieser überaus umfangreiche Band mit 492 Pergamentseiten von imposantem Format (47,7 cm hoch und 33,5 cm breit) befand sich im Besitz von François Eugène de Savoie-Carignan, bekannt unter dem Namen Prinz Eugen als einer der gefürchtetsten Heerführer der Koalition gegen Ludwig XIV. im Spanischen Erbfolgekrieg. Seit etwa 1718, er war 55 Jahre alt, widmete sich dieser Prinz seinen Kunstsammlungen und kostbaren Büchern. Nach seinem Tod 1736 in Wien erwirbt Kaiser Karl VI. dessen gesamte Bibliothek. Die mittelalterlichen Handschriften, die sie in großer Anzahl umfaßte, bilden heute einen der beachtlichsten Bestandteile der Handschriftenabteilung der Nationalbibliothek in Wien.

Der Text dieser Handschrift ist der „Tristanroman in Prosa". Die gut bekannte Legende der Liebe von Tristan und Isolde wird darin mit einer aus zahlreichen Episoden bestehenden Rittererzählung verknüpft. Vom literarischen Standpunkt aus kann man das bedauern, doch gab dieser mannigfaltige Text zumindest Anlaß für prachtvolle Ausgaben, unter denen die Handschrift der Nationalbibliothek Wien bestimmt die berühmteste ist.

Für den Herzog von Berry

Die Anzahl und die Qualität der Bilder, die Eleganz der Zierleisten, die sie umrahmen, der schöne Stil der Schrift haben immer den Gedanken nahegelegt, daß solch ein Buch, dessen Schriftduktus auf die ersten Jahrzehnte des 15. Jahrhunderts schließen läßt, nur für einen bedeutenden Fürsten hergestellt worden sein könnte. Aber für welchen? Zu dieser Zeit waren etliche unter ihnen große Bücherliebhaber. Es lag nahe, an die drei Brüder Karls V., des Königs von Frankreich, zu denken, die seinen Geschmack für Bücher geteilt hatten: Philipp der Kühne, Herzog von Burgund, Louis, Herzog von Anjou und Jean, Herzog von Berry.

1977 schrieb Dagmar Thoss in einem Artikel der Zeitschrift „Codices manuscripti", daß sie auf dem letzten Blatt der Handschrift (492 verso) eine dünnere Stelle entdeckt und erreicht hatte, daß diese Seite unter UV-Licht projiziert wurde. Das war eine hervorragende Idee, wurden mit dieser Methode doch einige Striche sichtbar, anhand derer man im Vergleich mit erhalten gebliebenen Inschriften anderer Handschriften klar ein besonders aufschlußreiches Ex-libris erkennen konnte: *Dieses Buch gehört dem Herzog von Berry. Jehan B.* Jean de France, Herzog von Berry, war als Sohn des Königs Jean II.

Miniatur 25, folio 204 recto

Der Ritter Gaheriet (dessen Schild drei weiße Vögel auf grünem Grund trägt) sucht insgeheim Isolde in ihrem Schlößchen Tolan auf – eine andere Residenz von König Marc –, um ihr eine Nachricht von Tristan zu überbringen. König Marc befindet sich auf der Jagd.
Vor der Königin, die ein orangefarbenes Kleid trägt, kniet Gaheriet nieder, sie reicht ihm die Hand, daß er sich erhebe.
Die Personen, ohne Ausdruck im Gesicht, sind vom Meister F sehr leicht gemalt, ebenso das Dekor, das mit einem Ideogramm vergleichbar ist. Die Angabe des Schlosses beschränkt sich auf ein Dach, zwei Mauern und zwei Säulen. Von außen einsehbar, kann man die Personen beobachten, als bewegten sie sich in einer Theaterdekoration.

menga adont audissier. mais atant laisse ore le conte a parler de luy et retourne a gaheriet et a la royne yseult pour conter quel parlement ilz eurent de
monseigneur tristan

Coument gaheriet quant il fu venu en cornuail-
le pour la queste de mons tristan fu envoye quer-
re secretement pour parler a la royne yseult tan-
dis que le roy estoit alez chacier. lxij.

En ceste partie dit licontes
que quant la royne yseult
sceot que le roy march estoit
ale en chace elle mande
entour heure de prime a
Gaheriet quil venist par-
ler a luy Et il y vint moult
voulentiers Car asses es-
toit desirant quil peust parler a la royne pour ce
quil savoit certainnement quil luy conteroit tel-
les nouuelles dont il la feroit ioyeuse et liee durement. Quant gaheriet est venus en la chambre il
trouua la royne si priueement que aueucques
luy nauoit dame ne demoiselle fors que brangien
tant seulement en qui la royne yseult se fioit de
toutes choses Quant la royne yseult vit gaheriet
elle le receut moult bel et moult courtoisement
et se leua encontre luy tout premierement pour
ce quil estoit si gentilz hom comme elle savoit
Et apres pour ce quelle savoit certainnement

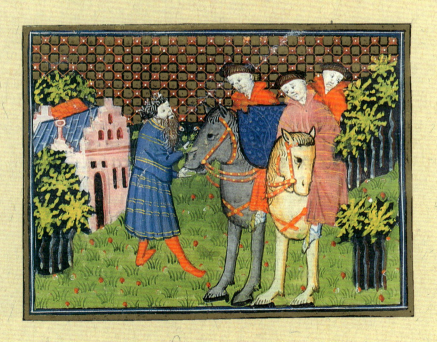

Miniatur 26, folio 206 verso

König Marc verdächtigt in seiner Eifersucht alle fahrenden Ritter, Spione Tristans zu sein. Für einen von ihnen, Iwein, bereitet er beim Verlassen von Tintagel einen Hinterhalt.
Wir sehen hier die Pferde des Meisters F, die ebenso wie deren Ritter wenig ausdrucksvoll sind. Steif und massiv, sind sie kaum realistisch. Das Pferd des Königs Marc trägt eine Schabracke mit seinem Wappen: blauer Löwe auf goldenem Grund. Die Miniatur ist dank der Harmonie der Farben und der dekorativen Absicht des Ensembles trotzdem sehr hübsch und ihr „naiver" Aspekt ist der eigenwilligen Schönheit nicht abträglich.

Miniatur 27, folio 215 recto

Zwei Ritter gelangen, auf der Suche nach Tristan, zufällig in das Schloß des Daras, wo sich Tristan befindet, dessen Anwesenheit sie jedoch nicht ahnen. Mit dieser anderen Miniatur des Meisters F begegnen wir wieder dem Dekor von folio 199: gleiche Bäume, gleiche Disproportionen. Die Zeichnung der Pferde, auf die wesentlichen Linien beschränkt, ist besonders starr. Der Meister F hat Daras ein ähnliches Gesicht wie Lucan le Bouteiller von folio 199 verliehen. Was die anderen drei Personen betrifft, so stellt man fest, daß sie einander sehr ähneln.

*Die Ritter der Tafelrunde. Miniatur aus einer Handschrift von Lancelot du Lac, 15. Jahrhundert.
(© FA Viollet, Paris.)*

Jean de Berry. Petites Heures du duc de Berry.
Ms.lat.18014. Bibliothèque nationale, Paris. (Giraudon.)

Miniatur 28, folio 216 verso

Im Schloß des Daras, wo alle drei gefangengehalten werden, erkennen Palamedes und Dinadan Tristan.
Bewußt mit allen Realismusabsichten brechend, hat der Meister F hier ein kleines Kunstwerk geschaffen. Die drei Ritter stehen nebeneinander im Vordergrund der Szene, als ob die Schloßfassade auf die Maße eines Balkons reduziert wäre und erinnern unwiderstehlich an die Figuren eines Marionettentheaters. Auf den ersten Blick sieht man die Wappen jedes einzelnen, das von Tristan ist mit drei Kronen geprägt.

Miniatur 29, folio 220 verso

Der befreite Tristan wird in einem von König Artus organisierten Turnier der Herold Morganas sein. Sie übergibt ihm einen Schild, auf dem zu Füßen eines Edelmannes zwei königliche Gestalten ihre Köpfe beugen.
Es handelt sich hier um eine der zahlreichen Episoden des Romans, die zur Bereicherung der Legende auf den Artus-Zyklus zurückgreift.
Mehr noch als gewohnt bemüht sich der Meister F um den rein symbolischen Aspekt der Szene, wobei der Schild zum Hauptelement wird.

Miniatur 30, folio 230 recto

Die beiden bekanntesten Liebhaber des Mittelalters, Tristan, der Geliebte von Isolde, und Lancelot, der Geliebte von Ginevra, stehen sich hier gegenüber, ohne einander zu erkennen. Mit gleicher Kraft werfen sie sich gegenseitig aus dem Sattel und kämpfen mit gebrochenen Lanzen zu Fuß weiter, ohne daß einer den anderen besiegen kann. Sie beschließen einen Waffenstillstand, nehmen ihren Helm ab, nennen ihre Namen und fallen sich unbändig vor Freude, einander endlich begegnet zu sein, in die Arme.
Der Meister F gibt uns eine Vorstellung vom Kampf, ohne ihn direkt darzustellen. Die Stellung und die Länge der Beine der beiden Ritter sind für seine Malweise typisch.
Das Einbeziehen Lancelots in diese überarbeitete und vervollständigte Fassung der Tristanlegende entbehrt nicht der Geschicklichkeit. Tatsächlich tritt die Geschichte des Lancelot, der in Ginevra, die Frau König Artus's, unsäglich verliebt ist, in zahlreichen Episoden als Nachahmung der Geschichte des Tristan auf.

Miniatur 31, folio 233 recto

Lancelot führt Tristan an den Hof des Königs Artus. Er wird zur Tafelrunde gebeten. Sein Sitz (durch den Vermerk: Sitz des Tristan erkennbar) ist jener, den Morholt, bevor er von Tristan getötet wurde, einnahm. König Artus steht aufrecht zwischen Lancelot und Gauvain.
Wir haben ein sehr gelungenes Werk des Meisters F vor uns, das wunderbar die Gastlichkeit der Szene nachempfinden läßt. Die Harmonie der Farben ist vollkommen, kühn der gewürfelte Hintergrund mit dem dominierenden Blau, davon abgesetzt die Töne Venedigrot und Grasgrün, die der Maler besonders liebt. Das Mobiliar, das nur aus einem Tisch und einer Bank besteht, ist dieses Mal nicht verkleinert. Mit Ausnahme der Reste eines Mahls sind die Geräte, die auf dem Tisch dargestellt sind, nur in Umrissen skizziert.
Da der Gral in ihrer Mitte empfangen werden sollte, war die Tafelrunde Bild für ein geistiges Zentrum, das an das Abendmahl erinnerte, zu dem sich die 12 Apostel versammelten. Der Gral, mythischer Kelch, worin das Blut Christi aufgesammelt worden sein soll, war mit unzähligen Kräften behaftet. Außer der Kraft zu ernähren und innere Erleuchtung zu bringen, sollte er unsichtbar machen. Die Suche nach dem heiligen Gral verlangte menschliche Vollkommenheit: er blieb vor den Augen desjenigen unsichtbar, der seinen Geist und sein Herz nicht auf dieses geistige Abenteuer vorbereitet hatte.

*Ritter in Rüstung. Federzeichnung. Schule des Pisanello. Albertina, Wien.
(Photo Lichtwerkstätte Alpenland.)*

le Bon, Bruder Karls V. und Onkel Karls VI. zwangsläufig in die großen Affären jener wirren Herrschaftszeit verwickelt. Er stellte sich vor allem die Aufgabe, die Konflikte abzuwenden oder zu mildern. So verhandelte er in jenen Jahren, in denen der Hundertjährige Krieg immer wieder von neuem aufzuflammen drohte, mit England. Er bemühte sich, das Ende des großen Schismas herbeizuführen, das die Christenheit spaltete, hatte aber keinen Erfolg. Als Karl VI. den Verstand verloren hatte, versuchte er die Auswirkungen des Hasses, der die beiden anderen Neffen, Jean, Herzog von Burgund, und Louis d'Orléans zu Gegnern machte, zu mäßigen; doch da wird seine Niederlage durch den Mord am Herzog von Orléans besiegelt. Da er für das Opfer Partei ergreift, gehört er zum Lager der von „Armagnac", Paris indessen gehört zu „Burgund". Bei einer Revolte wird sein wunderschönes Schloß in Bicêtre geplündert und in Brand gesteckt.

Das Volk allerdings hatte andere Gründe, ihn zu verwünschen. Poitou, Auvergne, Languedoc, Berry, all diese ausgedehnten Provinzen, für die ihm der König die Herrschaft übertragen hatte, wurden regelmäßig geschröpft, um die ständig wachsenden Geldansprüche des Herzogs zu befriedigen.

Wenn es erlaubt wäre, diese ungeheure Ausbeutung der einfachen Leute zu entschuldigen – die einzigen, von denen man damals gewöhnlich „Kontributionen" forderte –, dann könnte man vorbringen, daß alle diese Gelder dazu dienten, schöne Dinge zu schaffen oder zu sammeln.

Ein großzügiger Mäzen

Jean de Berry war mit Sicherheit der größte Sammler und Mäzen seiner Zeit, wenn nicht gar einer der größten aller Zeiten. Diese seine ins Maßlose getriebene Leidenschaft grenzt an Extravaganz. Er verfügte über siebzehn Wohnsitze, Schlösser, Palais oder Villen, die er z.T. erworben und verschönt hatte, meistens aber erst hatte bauen lassen. Dazu gehörten unter anderem sein herzogliches Palais von Bourges – mit einer heiligen Kapelle –, zwei weitere in Riom und in Poitiers, unweit davon auf dem Lande das Schloß Clain; ebenfalls in Poitou das Schloß Lusignan; in der Auvergne jenes von Nonette; in Berry das Schloß von Genouilly und Concressault; Schloß Gien an der Loire sowie zwischen Loire und Seine die Schlösser von Montargis, Etampes und Dourdan. Die drei schönsten und berühmtesten Anwesen waren seine Villa Nesles, dort gelegen, wo sich heute in Paris das Palais de l'Institut befindet, sein Schloß von Bicêtre, das von den Aufständischen so fürchterlich verwüstet wurde und schließlich das Wunder der Wunder, im Herzen seines Lehnsgutes von Berry, das Schloß Mehun-sur-Yèvre.

Schloß Mehun-sur-Yèvre. Très Riches Heures du duc de Berry. Ms.65/1284. Musée Condé, Chantilly. (Giraudon.)

Abgesehen von einigen kläglichen Resten ist kaum etwas von diesem gigantischen Erbe an Immobilien übriggeblieben, es ging bei der allgemeinen Vernichtung ziviler Gebäude des Mittelalters verloren. Doch Mehun, Lusignan, Dourdan, le Clain und Etampes bleiben für uns dank der anmutigen Miniaturen der unerreichten Brüder Limburg auf den Seiten der „Très Riches Heures", der berühmtesten illuminierten Handschrift des Herzogs, sichtbar. Sie wird heute im Museum Condé des Schlosses von Chantilly aufbewahrt.

Man nimmt an, daß Jean de Berry in diesen schönen Räumlichkeiten Wunder aller Art anhäufte: selbstverständlich Edelsteine, Rubine – darunter einer mit 240 Karat! –, Saphire, Emeraude, Diamanten; geschliffene Steine, Gemmen, Kameen; alte Münzen, antike Medaillen; Goldschmiedearbeiten für die Tafel, darunter das bekannte „Salzfaß des Pavillon", das, nach der Abbildung auf einer Miniatur zu urteilen, die Form eines etwa einen Meter hohen Schiffes hatte; Tapisserien und noch vieles mehr.

Mit den verschwundenen Anwesen sind uns auch die Gemmen und Kunstgegenstände dieses leidenschaftlichen Sammlers abhanden gekommen. Auf jeden Fall ist das, was heute vielleicht noch vorhanden ist, schwer zu identifizieren. Das einzige Erbe von Jean, Herzog von Berry, das zu großen Teilen zusammengetragen werden konnte, sind seine Bücher.

Bücher können ebenso wie Gebäude dem Vandalismus des Militärs oder des Volkes anheimfallen, doch besteht nicht die Gefahr, daß sie wie Gold und Silber im Schmelztiegel landen – ein immer verlockender Ausweg, wenn das Geld knapp ist –, auch stachen sie Dieben nicht so ins Auge wie die auf den ersten Blick als kostbarer erachteten Gegenstände. Sie stehen geschützt in den „Büchereien" – wie die Bibliotheken einst genannt wurden. Wenn sie mit kostbaren Metallverschlüssen versehen oder gar mit Perlen und Gemmen bereichert wurden – wie die Inventare für mehrere Bücher des Herzogs angeben –, können diese abgetrennt werden, ohne Beschädigungen zu hinterlassen. Bücher waren sozusagen nur für diejenigen von Interesse, die sie unversehrt erhalten wollten.

Das Inventar des Besitzes von Jean de Berry weist mehr als 150 Handschriften aus. Verglichen mit Bibliotheken anderer Großfürsten ist das nicht viel. Diese Sammlung unterscheidet sich jedoch durch Qualität und Reichtum der Bilder, die die meisten der Bücher schmücken. Man hat festgestellt, daß die religiösen Bücher deutlich überwogen: vierzehn Bibeln, sechzehn Psalterien, achtzehn Breviere, sechs Meßbücher, fünfzehn Stundenbücher. Es wäre allerdings naiv, darin einen Beweis der großen Frömmigkeit des Herzogs sehen zu wollen. Diese Art von Werken verlangte seinerzeit traditionsgemäß die reichste Verzierung. Und unter den Stundenbüchern und Psalterien befinden sich tatsächlich die schönsten Handschriften.

Schließlich gehören zu den am zahlreichsten vertretenen Büchern noch historische Schriften und Chroniken, letztere einundvierzig an der Zahl. Außer einigen Bänden zur Astrologie, Astronomie und Geographie waren noch acht-

*Dame und Herr in Hoftracht. Pisano, genannt Vittore Pisanello (um 1380–1456).
Musée Condé, Chantilly. (Lauros-Giraudon.)*

unddreißig Ritterromane vorhanden. Hinzugefügt sei, daß unser „Tristan in Prosa" – der mit Gewißheit in dieser kostbaren „Bücherei" gestanden hat, da das wiedergefundene Exlibris einen unanfechtbaren Beweis darstellt – nicht in den beiden Inventaren erscheint, die zu Lebzeiten des Herzogs aufgestellt wurden. Das eine stammt von 1401–1403, das andere, von 1413–1416 (1416 ist das Todesjahr des Herzogs), wurde aktualisiert. Der „Tristan" wird also vor 1413, wahrscheinlich als Schenkung, in andere Hände gelangt sein. Diese Tatsache wäre keine Seltenheit. Das Buch kann auch verliehen und, wie es immer wieder vorkam, niemals zurückgegeben worden sein ...

Beeinflußte Malerei

Das Schicksal des „Tristan" ist bis zu seinem nicht datierbaren Erwerb durch Prinz Eugen unbekannt. Die beiden Namen „Lefresne" und „Lefourne", die im 16. Jahrhundert mit der Hand auf die Rückseite von Blatt 196 geschrieben wurden, geben hierüber auch keinen Aufschluß. Hingegen erinnert der rote Besitzerstempel der Bibliothèque impériale de Paris auf den Blättern 1 und 492 verso daran, daß dieses Manuskript 1809 von den Franzosen mitgenommen wurde, die es 1814 oder 1815 nach dem Sturz Napoleons mit fast ihrer gesamten umfangreichen Beute zurückgeben mußten.

Das Buch mißt 477 x 335 mm und wiegt mehrere Kilogramm. Das sind ungefähr die Maße und das Gewicht zahlreicher Handschriften jener Zeit, besonders der umfangreichen und ausgiebig bebilderten Ritterromane. Diese riesigen Bände waren nur mit einem wirklichen physischen Kraftaufwand zu handhaben. Um sie zu lesen oder anzusehen, mußte man sie auf ein Pult legen, so wie jenes, das wir auf dem ersten Bild unseres „Tristan" sehen. Soll man sich nun den mächtigen Herzog von Berry vorstellen, wie er geduldig auf seinem geschnitzten Stuhl vor einem Pult sitzt und Stunden damit verbringt, diesen überreichen Text zu entziffern, ohne zu versäumen, jede dieser 144 Miniaturen zu genießen? Wahrscheinlicher ist, daß ihm der Roman von einem der zahlreichen in seinem Dienst stehenden Schreiber vorgelesen wurde. Doch was war mit den Bildern? Betrachtete er sie, über die Schulter seines Vorlesers blickend? Diese Annahme ist sehr unwahrscheinlich, denn es ist bekannt, daß sich der Herzog sehr stark für die Arbeit der Miniatoren, die er beschäftigte, interessierte. Zumindest weiß man es von den Brüdern Limburg, den Malern der „Très Riches Heures" und einiger anderer seiner schönsten Bücher: er besuchte sie in ihrem Atelier. Das heißt, er kannte die Bilder, bevor das Buch fertiggestellt war. Vielleicht betrachtete er es niemals wieder so eingehend wie an jenem Tag, da der Künstler ihm das Werk überbrachte, es

Miniatur 32, folio 246 recto

Die Ritter der Tafelrunde haben sich vor Daguenet, dem Narren des Königs Artus, versammelt, der, von einem unbekannten Ritter besiegt, auf der Erde liegt und jammert.

Der Meister F hat die Figuren in einer sehr rhythmischen Struktur gruppiert und perfekt komponiert. Die langen, von Eisenschienen umgebenen Beine, die er besonders liebt, sind die Kompositionslinien dieses Ensembles. Die Köpfe ähneln sich, die Hände entsprechen einander, der Schmuck der Kleidung ergänzt sich, wie um die Personen miteinander zu verknüpfen. Sie sind viel lebendiger und ausdrucksvoller als gewöhnlich. Besonders hervorzuheben sind der enttäuschte Gesichtsausdruck des Narren und die mitleidvolle Miene des Ritters, der sich über ihn beugt.

n ceste partie dit le conte que
quant les compaignons de
la table ronde furent ainsi a-
batus par palamides come
ie vous ay conte. et brandelis ot parle a palamides a q
il demanda son nom mais il
ne lui volt dire ne autre chose de son estre. fors
tant que chlr errant estoit. Quant brandelis
ot parle a palamides en telle maniere et il vit
quil nen pouoit autre chose aprendre. ne
quil ne lui vouloit autre chose dire de son estre.
il retourne a ses compaignons moult esbays
durement quant il auoit en telle maniere veu
descheuaucher tous ses compaignons par le
corps dun seul chlr. ne cestuy fait ne peust il
mie croire le grieuem̃t eut sil ne leust veu. Quant
il est a ses compaignons venus. Il les treuue
si esbays si courroces et si doulans m̃ueille-
usement quils ne scauent quils doient dire. et
quant ilz voient brandelis a eulx retourner. ilz
lui demandent. Or nous dittes brandelis. qui
est le chlr qui ainsi nous a abatus. seigneurs
fait il se dieu me sault ie ne vous en scay asse

Miniatur 33, folio 251 verso

Vor dem Schloß von Morgana, der rebellischen Schwester des Königs Artus, wirft der für sie kämpfende Ritter mit dem grünen Schild, Lamorat de Galles, nacheinander alle ankommenden Ritter aus dem Sattel. Laut Roman sollen es 17 sein. Links tauchen Palamedes und Dinadan auf, die ihrerseits Lamorat besiegen werden.
Während die Miniatur ganz offensichtlich von Meister F herrührt, scheint die architektonische Darstellung des Gebäudeensembles mit seinen rosafarbenen Mauern und Zinnen, aus dem sich das Schloß Morganas erhebt, laut Hermann von einer anderen Hand zu stammen. Sie ähnelt tatsächlich jener sehr stark, die auf der Miniatur folio 22 verso abgebildet ist, hier aber nicht wiedergegeben wird. Ihr Schöpfer ist der Meister B.

Miniatur 34, folio 257 recto

Zu Ehren von König Marc wird ein Turnier veranstaltet. Lamorat de Galles kämpft gegen Gauvain und dessen drei Brüder.
Diese Miniatur des Meisters A ist von einer großen plastischen Schönheit. Die Pferde, die Körper der Ritter in ihren Rüstungen mit gesenktem Visier und erhobenem Schwert, verflechten sich zu einer Komposition, in der die Formen und die fein angeordneten Farben in den Augen des Malers viel mehr Bedeutung haben als die Darstellung einer Szene, die absichtlich jedem Realismusgedanken fernsteht.

mit ihm in respektvoller Vertrautheit durchblätterte und sie sich gemeinsam der bei der Arbeit ausgetauschten Fragen und Ansichten erinnerten.

Die „Très Riches Heures", das letzte für den Herzog gestaltete Buch, haben ein einfacher zu handhabendes Format, währenddessen andere Stundenbücher seiner Bücherei überdimensional groß sind. Kann man diese veränderte Auffassung als Wunsch eines aufgeklärten Bibliophilen verstehen, eine engere Beziehung zu dem unter seiner Leitung hergestellten Buch zu bekommen?

Die Kunst der Miniaturmalerei

Die Miniaturkunst war dereinst in Frankreich die dominierende und quasi ausschließliche Form der Malerei. Die Wandmalerei, von der uns aus der romanischen Zeit zahlreiche Zeugnisse hinterlassen wurden, fand in der gotischen Architektur keine Anwendung mehr. Das Staffeleibild oder zumindest die bemalte Tafel kleineren Formats gab es in Italien, viel seltener in Frankreich, wo aus dem 14. Jahrhundert lediglich das Porträt von Jean le Bon erhalten blieb, welches sich heute im Louvre befindet, und aus der Zeit Jean de Berrys einige Porträts, darunter sein eigenes, das übrigens als großformatige Miniatur an-

Boccaccio: Liber de claris mulieribus. *Marcia malt ihr eigenes Portrait; Thamar, die edle Malerin. Ms.fr.12420. (Bibliothèque nationale, Paris.)*

gesehen wurde. Große farbige Kompositionen bildeten die Tapisserien, wovon unser Herzog mehr als eine besaß, und natürlich die Glasfenster. Aber die Kunst des Malers, desjenigen, der die Farbe mit dem Pinsel aufträgt, entwickelte sich nur in den unzähligen Miniaturen, welche Werke aller Art illustrierten: Meßbücher, Psalterien, Stundenbücher, Bibeln, Chroniken, Romane. Die Buchmalerei war eine hohe Kunst.

Dank einer Abhandlung, die unter dem Titel „Art d'enluminer" bekannt ist und etwa ab dem 14. Jahrhundert entstand, und auch dank der Inventare des Herzogs von Berry, welche wertvolle Angaben über Farbvorräte enthalten, kann man sich eine Vorstellung von der Arbeit des Miniators machen. Ein genaues Studium der Miniaturen gibt ebenfalls Aufschluß.

Es wird deutlich, daß die gesamte Komposition zuerst durch einen zarten Federstrich angelegt wurde, dann begann die Ausführung des Hintergrundes. Noch zu Beginn des 15. Jahrhunderts spiegelte dieser weder den Horizont noch die Ferne einer Landschaft wider. Er erfüllte mit wenigen Ausnahmen einen rein dekorativen Zweck. Es waren Karomuster, in denen Gold und eine Farbe abwechseln konnten, seltener Rankenornamente. Dann entstand das innere oder äußere Dekor. Zuletzt wurden die Personen und eventuell Tiere gezeichnet.

Das Werk wurde nicht immer von einem einzigen Künstler ausgeführt, wie etwa die stilistische Analyse der großen Miniaturen der „Très Riches Heures" zeigt.

Was die Farben betrifft, so wurden diese im Atelier selbst vorbereitet, auf einer Marmorplatte angerieben oder zerstoßen und das auf diese Weise gewonnene Pulver mit arabischem Gummi oder Tragant angerührt. Die Mischung entsprach etwa dem, was wir Gouache nennen.

Es gab zwei Blautöne: Lapislazuli-Pulver, ein mit hohem Aufwand aus dem Orient beschafftes Mineral, auch „Ultramarinblau" genannt; und „Deutschlandblau" – heute als „Preußischblau" bezeichnet –, das aus sächsischem Kobalt gewonnen wurde. Ungarischgrün bestand aus Malachit, das heißt einem natürlichen basischen Kupferkarbonat. Ein anderes Grün war von pflanzlichem Ursprung. Es wurde aus zerstoßenen Blumen, vorzugsweise Iris hergestellt, die man dann mit Massicot mischte, mit anderen Worten, ein natürliches Bleioxid, das die gelbe Farbe lieferte. Es existierte noch ein Gelb, ein natürliches Arsensulfid, genannt Operment. Zinnober war ein pulverisiertes Quecksilbersulfid und Mennige, ein anderes, matteres Rot, ein Bleioxid. Was Violett betrifft, so stammte es anscheinend kurioserweise von der Sonnenblume, deren Blüten bekanntlich gelb sind. Das Weiß war ein Bleiweiß, gewonnen durch verschiedene Prozesse, welche eine feine Karbonatschicht auf Bleiklingen erzeugten. Schwarz bestand aus Rauchschwarz oder Puder von schwarzem Stein. Gold schließlich wurde normalerweise „auf das Blatt geklebt". Auf die zu vergoldenden Flächen trug man einen Leim, genannt „Cerbura", auf, darauf wurde ein feines Goldblatt gelegt, das, wieder entfernt,

Miniatur 35, folio 260 recto

Diese Szene, in der die Königin von Orcanie, die mit ihrem Liebhaber eingeschlafen ist, von ihrem Sohn geköpft wird, steht der Geschichte von Tristan und Isolde nur scheinbar fern. In der Tat vertritt sie die Stelle der Moral.
Denn trotz des Liebestrankes, Symbol der Schuld und gleichzeitig ihrer Entschuldigung, stellt der Ehebruch, der von Isolde begangen wurde, in den Augen der mittelalterlichen Gesellschaft eine unverzeihliche Sünde dar, die den Kräften des Bösen Tür und Tor öffnet. Tristan und Isolde sind nicht etwa durch eine reine Liebe miteinander verbunden, die die Moral und die Regeln der höfischen Liebe rechtfertigen würden, sondern durch eine sehr physische Beziehung. Der Text von Béroul ist in dieser Hinsicht völlig klar.
Bei dieser verwünschten Liebe gibt es keinen anderen Ausweg als den Tod. Die Legende endet mit dem romantischen Schluß der sich umschlingenden Liebenden. Hier im Bild zeigt die Romanszene gleichermaßen den Ernst der Schuld und die Härte der Strafe: die Schuldige muß auf der Stelle getötet werden. Und die Schuld ist so schwer, daß selbst der eigene Sohn der ehebrecherischen Königin nicht zögern darf, ihr Henker zu werden. Auffällig ist die vollkommene Ruhe des Mörders und Richters, der sein Schwert wieder in die Scheide steckt, ohne dem Kopf der Mutter, der zu Boden gerollt ist, auch nur einen letzten Blick zu schenken. Ein anderes bezeichnendes Detail: der Liebhaber kann weiterschlafen, ohne im geringsten beunruhigt zu sein. Man tötet keinen Ritter ohne Waffen. Und in jedem Fall ist in der höfischen und vor allem patriarchalischen Gesellschaft das Verbrechen eines Mannes, selbst wenn er an die Ehre des Königs rührt, weniger schrecklich als das einer Frau. Diese stark vom Geist der Gerechtigkeit geprägte Episode wurde vom Meister A in vollkommener Strenge behandelt.

Miniatur 36, folio 263 recto

König Artus empfängt ein „Fräulein von Cornwall", das Briefe von Tristan für ihn und Lancelot überbringt. Letzterer, der die beiden Briefe entgegengenommen hat, reicht dem König den für ihn bestimmten in geneigter Haltung. Der Meister A komponiert auf kunstvolle Weise diese ländliche Szene, in der die Personen in einer Art Dreiecksbeziehung zueinander stehen, die bewußt oder zufällig im dekorativen Motiv des Hintergrunds wieder aufgenommen wird. Hervorzuheben ist auch das Spiel der Hände, das der ziemlich starren Struktur einen gelungenen lebhaften Rhythmus verleiht.

Miniatur 37, folio 268 recto

König Artus hatte König Marc von der Notwendigkeit überzeugt, Tristan zu verzeihen. Wenn man auch die echten Gefühle des Königs Marc gegenüber seinem Neffen bezweifeln muß, so wird ihm diese Aussöhnung doch eine wertvolle Hilfe bringen. Denn tatsächlich bedrohen die Sachsen das Königreich. Während der in einem Kampf verletzte Tristan in einem Schloß der Umgebung zur Genesung weilt, verwüsten die Sachsen Cornwall. Der König schickt Tristan sogleich einen Boten, damit er, ohne zu säumen, zu Hilfe eile. Und Tristan antwortet unmittelbar auf den Ruf.
König Marc sitzt auf seinem Goldthron, dessen Füße in Form eines X an den römischen „kurulischen Stuhl" erinnern, währenddessen seine Berater es sich auf breiten Marmorstühlen bequem machen. Der Meister A stellt die Szene nicht in einem Zimmer des Schlosses dar, sondern im Park.

Miniatur 38, folio 275 verso

Der Krieg gegen die Sachsen war schrecklich. Tristan hat wie gewöhnlich Ruhm geerntet. Er konnte sogar den durch seine Feinde schwer verletzten König Marc vor dem sicheren Tod retten.
Die Sachsen, in der Position der Stärkeren, bieten dem Königreich Cornwall einen entehrenden Frieden an. Tristan schlägt deshalb vor, die Zustimmung vom Ergebnis eines Zweikampfes zwischen ihm und dem Führer der Sachsen abhängig zu machen.
Der Meister A, der Kampfszenen sehr geschickt zu übertragen versteht, schafft erneut eine gelungene Komposition, wobei die Balken, die den Kampfplatz beiderseits der Kämpfer begrenzen, die Hauptlinien bilden, welche zu zwei Bäumen im Hintergrund der Szene führen.
Der Künstler hat vorzüglich die Gefühle der Personen wiedergegeben, die dem Kampf zusehen und ihre Kommentare abgeben. Tristan, erkennbar am Grün mit den drei aufgeprägten Goldkronen, befindet sich hier in schwieriger Lage, da das Schwert seines Gegners in seine Brust eingedrungen zu sein scheint. Er wird jedoch als Sieger aus dieser Konfrontation hervorgehen, und die Sachsen werden auf ihre Forderungen verzichten.

die vom Leim festgehaltenen Teile zurückließ. Seltener waren die weniger glücklichen Versuche mit Goldpulver, das mit Gummi gemischt wurde.

Der König von Irland übergibt Isolde an Tristan. Tristan-Roman. Ms.645-647/315-317. Musée Condé, Chantilly. (Giraudon.)

Auf der Suche nach den Autoren

Die Miniaturmalerei des „Tristan in Prosa" in der Nationalbibliothek in Wien war seit Hermann Julius Hermann nicht mehr Gegenstand genauer Untersuchungen. Vor mehr als 50 Jahren erschien sein Werk, das den in Westeuropa entstandenen Handschriften und Inkunabeln aus der Zeit der Gotik und Renaissance gewidmet ist*. Spätere Arbeiten, die hier nicht vernachlässigt werden sollen, bringen Annäherungen, ja sogar interessante, doch nicht wirklich überzeugende Beiträge. Die Grundlage des vorliegenden Exposés bleibt die Analyse von Hermann Julius Hermann.

Wenn man die Handschrift durchblättert, wird man bald feststellen, daß die 144 Miniaturen von verschiedenen Händen stammen. Da es sich um ein Buch mit 492 reich illustrierten Blättern handelt, ist durchaus anzunehmen, daß die Arbeit auf mehrere Künstler verteilt wurde. In gleicher Weise übrigens erfolgte die kalligraphische Umsetzung des Textes, in welchem Hermann auf folgenden Blättern Veränderungen der Handschrift bemerkt zu haben glaubte: 95, 143, 230, 289, 316, 348, 366, 404, 431. Diese Ziffern teilen das Gesamtwerk nicht in Teile, die jeweils ein Vielfaches von 8 oder auch 4 sind, und so ist es wohl nicht denkbar, daß die Kopie lagenweise an die Kalligraphen und selbst die Miniatoren verteilt wurde. Die unzweifelhaften, allerdings nicht allzu häufigen Veränderungen der Hand – die Bilder eines Künstlers erscheinen im allgemeinen in Serien zu 6 bis 12 –, decken sich nur in einem einzigen Fall mit einer Veränderung der Schrift.

Die Rückseite von Blatt 4, die die erste Seite des Textes ist, verdient in jeder Hinsicht eine besonders aufmerksame Prüfung. Erstens der Anordnung wegen: das Rechteck, das durch eine äußerst reiche Zierleiste begrenzt wird, ist deutlich in drei gleiche Abschnitte geteilt. Die beiden oberen Abschnitte sind jeweils mit zwei Miniaturen versehen und bilden ein vierfach geteiltes Viereck. Im unteren Abschnitt beginnt der Text, der in zwei Spalten angeordnet und mit der Initiale A bereichert wurde. Die kreuzförmig gelegten Bänder, die die vier Miniaturen teilen, sind sparsam vergoldet. Dagegen werden die beiden Seitenränder und der untere Rand durch deutlich breitere Bänder mit dichten pflanzlichen und geometrischen Motiven begrenzt, in denen sich Gold, Blau und etwas Rosa mischen; ein ähnliches Band trennt die beiden Spalten. Das traditionelle Rankenornament mit wuchernden winzigen dreilappigen Blättern entfaltet sich an den Rändern in Blau, Grün und Gold. Selbst bevor man die Miniaturen eingehender prüft, wird man über die außergewöhnliche Ähnlichkeit dieser Seite mit folio 300 der „Bible historiale" des Herzogs von Berry (Bibliothèque de l'Arsenal, ms. 5058) überrascht sein. Der all-

---

* Hermann Julius Hermann: Die westeuropäischen Handschriften und Inkunabeln der Gotik und der Renaissance, Leipzig 1938.

Erste Miniaturenseite (folio 4) des Tristan-Romans.
Cod. 2537 der Österreichischen Nationalbibliothek.

gemeine Aufbau – insbesondere die Anordnung der vier Miniaturen und die goldenen Bänder, die sie unterteilen –, der Stil der Zierleisten, alles ähnelt sich in einer Weise, wie das nur bei zwei Werken von gleichem Ursprung möglich ist. Kurz, es besteht kaum ein Zweifel, daß ein und derselbe Künstler Autor dieser beiden Seiten ist.

Eine ganz ähnliche Zierleiste, die jedoch Miniaturen, die von einer anderen Hand stammen, rahmt, befindet sich im „Livre des propriétés des choses" von Barthélemy l'Anglais, ins Französische übersetzt von Jean Corbichon (Bibliothèque Sainte-Geneviève, ms. 1028). Die Miniatur dieser Handschrift ist, was selten vorkommt, auf folio 12 in Goldbuchstaben signiert: „Jehan de Nizières, Miniator". Es hat ganz den Anschein, als ob dieser Jehan de Nizières auch der Künstler der Zierleisten von folio 4 unseres „Tristan in Prosa" ist. Daß die Miniaturen der beiden Handschriften nicht von gleicher Hand herrühren, erweist nur die Arbeitsteilung zwischen „Miniatoren" im eigentlichen Sinne und „Ornamentenmalern", die als selbstverständlich galt.

Wenn wir auf diese Weise auch den Namen des Miniators der ersten Seite des „Tristan" von Wien recht sicher bestimmen können, bringt uns das in unserem Wissen doch nicht weiter, da es bisher unmöglich war, mehr über die Person zu erfahren. Zumindest darf man annehmen, daß Jean de Nizières auch Autor der wunderschön verzierten Buchstaben und der stilvollen Pflanzendekorationen jener Seiten ist, auf denen Miniaturen abgebildet sind. Interessanter noch ist zu erfahren, daß dieser Künstler an einem anderen Buch des Herzogs von Berry, an seiner „Bible historiale", mitgearbeitet hat.

Die zu klärenden Fragen betreffen also die Miniaturen im eigentlichen Sinne.

Die vier Miniaturen von folio 4 stammen der allgemeinen Auffassung nach von einem Künstler, dem wir auch den Großteil der anderen 143 Miniaturen verdanken. Die allgemein akzeptierte Zuordnung ist seit Hermann die gleiche geblieben. Danach handelt es sich um die Bilder folgender Blätter: 4–19, 28–94, 254–302, 471–474 und zusätzlich einzelne auf den Blättern 219, 239 verso, 357 verso. Hermann, der an diesem Künstler die Klarheit der Komposition, die Sicherheit der Zeichnung, den ausgeprägten Charakter der Physiognomien lobt, erklärt, daß er „ohne Zweifel" zum Kreis der Miniatoren von Jean de Berry gehörte und wahrscheinlich derjenige sei, von dem auch die „Bible historiale" des Herzogs stamme. Wir haben jedenfalls festgestellt, daß die dekorative Zierleiste von folio 4 mit ziemlicher Sicherheit von gleicher Hand rührt wie jene von folio 300 der „Bible historiale". Wenn man nun in den beiden Handschriften die links oben ausgeführte Miniatur betrachtet, sieht man jeweils eine auf einem gotischen Stuhl, vor einem Pult sitzende Person; die Ähnlichkeit zwischen den beiden ist frappierend. Der Vergleich der übrigen drei Miniaturen fällt weniger deutlich aus, da die Sujets sehr verschieden sind, dennoch drängt sich nicht der Gedanke auf, daß sie von unterschiedlicher Hand stammen.

Bible historiale du *duc de Berry*.
Ms.5058. Bibliothèque de l'Arsenal, Paris. (Photo Bibliothèque nationale.)

Unter den unzähligen Miniaturen, die die „Bible historiale" umfaßt und an denen sich natürlich mehrere verschiedene Meister unterscheiden lassen, befindet sich eine beträchtliche Anzahl, die den Maler der ersten Seite des „Tristan" von Wien erkennen läßt.

Wer kann dieser Künstler sein? Auch Hermann vermag ihn nicht zu identifizieren. Dennoch ist der Gedanke aufgekommen, daß es sich um jenen Meister handeln könnte, der in den Jahren 1430–1435 Tausende von Miniaturen des Psalteriums des Herzogs von Bedford (Bibliothèque nationale de Paris, latin. 17294) malte. Der „Meister von Bedford" hat für diesen Onkel des Königs von England, der während der englischen Besatzung Gouverneur von Paris war und 1435 starb, ebenfalls ein Stundenbuch geschaffen, das heute in der „British Library" (Add. ms. 18550) aufbewahrt wird. In der Nationalbibliothek in Wien, in der Sammlung Gulbenkian in Lissabon und in der Universität von Yale befinden sich weitere Stundenbücher von ihm.

Dagmar Thoss schreibt in ihrem Kommentar zur Wiener Handschrift, daß sich mit Hilfe der oben genannten Stundenbücher die Stilentwicklung des Künstlers bis ins zweite Jahrzehnt des 15. Jahrhunderts verfolgen lasse. Das würde zur „Identifikation des Jugendwerkes eines Künstlers, dessen Stil ohnehin bestens bekannt ist", führen. Schwieriger ist es, den Standpunkt von Dagmar Thoss zu teilen, wenn sie meint, die Miniaturen der Tristanhandschrift würden eine immense Bedeutung erlangen durch die Verbindung, die sie zwischen dem gebräuchlichen „Bedford-Stil", der sich über einen ziemlich langen Zeitraum hielt, und den neuen Elementen einer im Entstehen begriffenen künstlerischen Sprache herstellen. „Sie (die Miniaturen) umfassen in der Tat eine ganze Reihe von Bildern, die unbestreitbar aus dem Stil des Meisters von Bedford hervorgehen, und gleichzeitig einer noch wenig bekannten Periode – siehe das absolut sichere Entstehungsdatum von vor 1413 – dieses für die Pariser Buchmalerei vom Anfang des 15. Jahrhunderts so wichtigen Künstlers angehören. Eine ähnliche Mittlerstellung können nur sehr wenige andere Handschriften für sich beanspruchen oder vielmehr nur gewisse Miniaturen, die darin abgebildet sind: zum Beispiel die Titelseite des ‚Térence des ducs' (Paris, Arsenal, ms. 664), entstanden um 1409–1410, einige Miniaturen des ‚Livre de la Chasse de Gaston Phébus' (Paris, Bibl. nat. ms. fr. 626), ungefähr zeitgleich, und eine Miniatur der ‚Grandes Heures du duc de Berry' (Paris, Bibl. nat. ms. lat. 919), entstanden um 1407–1409."

Dennoch hat die Zierleiste des „Térence des ducs" sehr wenig Ähnlichkeit mit der unseres „Tristan", und die Analogien zu dem „Livre de la Chasse" oder den „Grandes Heures" sind alles andere als eindeutig. Um all diesen Werken eine „Mittlerstellung" zuzuschreiben, muß man frühere kennen, zumindest aus der Zeit vor 1405. Trifft das auf die Stundenbücher von Wien, Lissabon und Yale zu?

Und worin besteht der „gebräuchliche Bedford-Stil, der sich über einen ziemlich langen Zeitraum hielt"? Welcher Zeit gehörte er an? Kurz, die Iden-

Miniatur 39, folio 279 recto

Tristan, unbezwingbarer Held, für seinen König unentbehrlicher denn je, hat erneut Kontakt mit Isolde aufgenommen. Mit ihr im königlichen Bett ertappt, wird er auf Befehl des Königs Marc eingesperrt. Dem benachrichtigten Lancelot aber gelingt es, ihn zu befreien. Die Miniatur zeigt die Ankunft Tristans in Begleitung Isoldes im Königreich Logres, mit Blick auf das Schloß der Joyeuse Garde, das Lancelot du Lac gehört.
Die Komposition stellt einer statischen, vertikalen Struktur (einer in rosa und weiß gehaltenen, flüchtig gemalten Architektur) die dichte Gruppe der Ritter entgegen, eine dynamische, horizontale Masse, wobei die kräftigen Farben der Personen durch das Weiß des einen Pferdes und die Blässe der Gesichter aufgehellt werden. Die gesamte Szene erweckt den Eindruck glücklicher Entspanntheit: ein neuer Aspekt des Talents des Meisters A.

Miniatur 40, folio 283 recto

Tristan und Isolde sind jetzt im Schloß der Joyeuse Garde vereint. Am Tage gibt sich Tristan der Jagd hin. Während das Jagdhorn ertönt, taucht ein Ritter auf. Es ist Dinadan, der sich auf der Suche nach Tristan befindet, ohne ihn zu erkennen.
Die Komposition ist durch eine Mittellinie zweigeteilt, die im Vordergrund durch einen einzelnen Baum gebildet wird und im Hintergrund durch ein rosafarbenes Becken (wie auch auf anderen Miniaturen der Handschrift) und eine Baumgruppe.
Der Akzent, der auf die eigentümliche Landschaft gesetzt wurde, entspricht dem Wunsch, der Anekdote zu dienen, selbst um den Preis eines sichtbaren Bruches in der Komposition. Es ist durchaus wichtig, daß Tristan und sein Gefährte so weit von Dinadan entfernt sind, daß er sie wohl sieht, aber ihre Gesichter nicht unterscheiden kann.
Die Pferde haben nichts Lebendiges an sich, doch der Meister A verleiht ihnen eine wirklich dekorative Schönheit.

Miniatur 41, folio 286 verso

Ein anderer Ritter auf der Suche nach dem flüchtigen Paar stellt sich im Schloß der Joyeuse Garde als Dinadan vor. Von Isolde, die sich nicht zu erkennen gibt, empfangen, legt er jedes Mißtrauen ab, läßt sich vom Charme seiner Gastgeberin bezwingen und willigt ein, am nächsten Turnier teilzunehmen.
Diese schöne Miniatur, in klar geordnete, hintereinandergestaffelte Ebenen gegliedert, hätte an Kraft gewonnen, wenn der Meister A nicht auf die seltsame Idee gekommen wäre, einen sinnvollen Leerraum mit einem Baum auszufüllen, der die beiden Personen im Vordergrund in die Länge zieht und die allgemeine Struktur verworren macht.
Man muß dahinter die Absicht sehen, ein unwirkliches Ambiente besser bestimmen zu wollen. Der Diwan, auf dem Isolde und der Ritter sitzen und plaudern, müßte logischerweise in einem Zimmer des Schlosses stehen, währenddessen er in der Natur zu schweben scheint. Ein Eindruck, der noch durch das transparente Weiß betont wird, mit dem der Maler das Gras im Vordergrund verhüllt hat, so daß sich der Diwan vom Boden, auf dem er ruht, löst. Dieses Verfahren betrifft auch die beiden Begleiterinnen Isoldes, die den Anschein erwecken, als liefen sie auf dem Wasser.

Tristan und Isolde schiffen sich ein. Tristan-Roman. *Musée Chondé, Chantilly. (Lauros-Giraudon.)*

tifikation des Malers der ersten Seiten unseres „Tristan" mit dem „Meister von Bedford" ist absolut nicht gesichert.

Das heißt, dieser Maler, wer auch immer er war, nimmt tatsächlich eine „Mittlerstellung" ein. Er ist bestimmt ein Zeitgenosse der Brüder Limburg, deren Bilder in den „Très Riches Heures du duc de Berry" von einem verblüffenden Fortschritt zeugen, was die Wiedergabe der Wirklichkeit und ihre Vorstellungskraft betrifft. Aber diese sind ihrer Zeit voraus.

Der Meister unseres „Tristan" zeigt im Vergleich zu den Meistern vom Anfang des Jahrhunderts ein neues Bemühen um Realismus, was ihm einen Platz zwischen ihnen und den Limburgern zuweist. Wenn seine Hintergründe meistens golden und farbig „gewürfelt" sind, kommt es doch vor, besonders bei Seelandschaften, daß der Himmel den Horizont bildet (er benutzt

Das Jagdbuch des *Gaston Phébus*.
Ms.fr.616. Bibliothèque nationale, Paris. (Photo Adeva.)

dann dieses schöne „Ultramarinblau", das Jean de Berry aus dem Orient kommen ließ). Im allgemeinen werden bei seinen herangerückten Landschaften die Größenverhältnisse in bezug auf die Figuren nur wenig verschoben. Die Bäume, noch etwas stilisiert, sind wirkliche Bäume. Den Figuren versteht er Formen zu geben, die der Wirklichkeit sehr nahekommen – vielleicht macht er sie übertrieben füllig als Reaktion auf die noch bestehende Gewohnheit, sie sehr schlank darzustellen. Ein großer Fortschritt ist seine Dar-

Miniatur 42, folio 293 recto

In einem Reiterkampf stehen sich Honaux l'Aspre, König der hundert Ritter, und der Pseudo-Dinadan gegenüber. Rechts dahinter Tristan in Langstrümpfen und Übergewand. Einsatz und Motiv des Kampfes ist der von Isolde an den Pseudo-Dinadan übergebene Helm. König Honaux glaubt nämlich, ihn von jener erhalten zu haben, die er liebt, der Königin von Norgales. Der Pseudo-Dinadan wird aus dem Sattel gehoben und verzichtet auf den Helm, als Tristan, der Isoldes Gabe erkannt hat, dazwischentritt.
Obwohl die Episode ein Beispiel für äußerst langweilige höfische Literatur ist, wirkt die Miniatur, die der Maler in einer Palette von Blau und Smaragdgrün gehalten und durch Orangerot und Rosabraun hervorgehoben hat, prachtvoll. Der Meister A zeigt damit sein erstaunliches Talent als Kolorist.

Miniatur 43, folio 316 recto

König Artus und Lancelot du Lac erscheinen verkleidet in Tristans Haus, um die Königin Isolde zu sehen, sie werden erkannt und willkommen geheißen. Julius Hermann bezeichnet dieses Bild als „rohe Arbeit des Miniators F". Sagen wir besser, daß der Künstler nirgendwo so sehr „er selbst" ist wie in dieser Szene. Das Schloß wird durch eine Reihe kleiner Satteldächer verbildlicht. Die ungemein ausdrucksvollen Gesichter sind wirklich komisch. Das deutlichste Merkmal für eine karikaturistische Seite ist die Figur Tristans, dargestellt als Bärtiger, in seinen Mantel versunken und zur Begrüßung des Königs Artus eine akrobatische Kniebeuge andeutend. Das Gesicht des Königs Artus, von einem Backenbart gerahmt, rührt von der gleichen Laune her. Die weiblichen Gesichter werden auf ähnliche karikierende Weise dargestellt.

Miniatur 44, folio 361 recto

König Artus hat den Rittern der Tafelrunde den Schwur abgenommen, die Suche nach dem Gral wieder für ein Jahr und einen Tag aufzunehmen. Damit ist Tristan von Isolde getrennt. Während seiner Abwesenheit hofieren zahlreiche Ritter die Königin und liefern sich Zweikämpfe.
In dieser Szene stehen sich Erec, Sohn des Lancelot, und Gauvain gegenüber, welcher aus dem Sattel geworfen wird. Diese unbeholfene Miniatur des Meisters F (die Bäume kaum angedeutet, die Pferde eine unförmige Masse) entbehrt dennoch nicht der Schönheit, nicht nur wegen der Harmonie der Farben, sondern vor allem auf Grund des seltsamen Charmes ihrer Naivität.

Miniatur 45, folio 386 verso

Tristan und Palamedes finden Lancelot mit einem friedlichen und glücklichen Gesichtsausdruck schlafend an einer Quelle. Jeder der Ritter trägt selbstverständlich seinen Schild. Das ermöglicht dem Leser unmittelbar zu erkennen, um welche Personen es sich handelt. Wie sollte man sonst beispielsweise die Darstellung des bärtigen Tristan von folio 316 mit der in dieser Miniatur, eines glatten und rosigen Gesichts, in Verbindung bringen?...
Die beiden Miniaturen stammen jedoch vom gleichen Künstler, dem Meister F, dessen Eigenheiten alle wiederzuerkennen sind, insbesondere die Grasfläche, mit weißroten Blumen geschmückt, die nach einem immer gleichen Schema gruppiert sind.

stellung der Pferde, deren Gliedmaßen getreu wiedergegeben, deren Kopf und Hals genau beobachtet sind. Eine bemerkenswerte Besonderheit seiner Malweise ist die Haltung der Reiter. Sie sitzen auf dem Pferd, das eher kurz ist, ungeheuer weit vorn, fast auf dem Widerrist. Sie beugen auch nicht wie die heutigen Reiter das Knie, so daß sich ihre Füße sehr weit vorn beiderseits der Vorderbeine des Tieres befinden, und da die Pferde damals viel kleiner waren als heute, reichen die Beine der Reiter bis weit unter die Vorderbrust des Pferdes. Allerdings handelt es sich hierbei tatsächlich um eine zeitgetreue Darstellung des Reitens, und man begegnet ihr bei mindestens einem der anderen Miniatoren dieses Buches wieder. Aber bei jenem, der die ersten Seiten malte, ist die Darstellung so genau und überzeugend, daß man sie unter Hunderten erkennen würde, sobald man ihrer ansichtig wird. Man spürt, daß der Reiter „fest im Sattel sitzt".

Weiter oben spielte ich auf den Hintergrund der Miniaturen und ihrer Landschaften an. In diesem Zusammenhang stellt sich eine Frage. Scheinbar stammen diese rein dekorativen Gründe eher von einem „Miniator" als von einem „Ornamentenmaler". Es ist durchaus möglich, daß der Maler der Szene deren Ausführung wirklich einem Spezialisten der oft überaus fein gezeichneten Schachbretter übertrug, die noch ganz andere Begabungen als die eines Figurenzeichners verlangten.

Schwieriger noch ist das Problem der Landschaften. Selbst auf den Miniaturen der ersten Seiten, doch vor allem auf jenen des Malers, der hauptsächlich für die Landschaften zuständig war, sind diese – natürliche wie architektonische – im Verhältnis zu den Figuren nicht maßstabgerecht. Sie sind viel kleiner, als sie sein dürften. Es hat wirklich den Anschein, als ob sie noch vor den Figuren gemalt wurden, fast ohne diese zu bedenken. Anschließend zeichnete der eigentliche Meister die Szene in die Freiräume, dorthin, wo er zuvor deren Anordnung, die der „Landschaftsmaler" respektieren mußte, auf Pergament skizziert hatte.

Diese Hypothese wird durch einen jener Texte bestärkt, den die Literatur dem Kunsthistoriker manchmal an die Hand gibt. Es handelt sich in diesem Fall um einen Abschnitt aus der „Cité des Dames" von Christine de Pisan – 1415 ungefähr 40 Jahre alt –, der hier zitiert werden soll: „Aber à propos Malerei, da kenne ich heute eine Frau, die Anastasia genannt wird, die so sachkundig und erfahren ist in der Herstellung von Randleisten bei Miniaturen in Büchern und ländlichen Geschichten, daß ihre Arbeit Erwähnung findet in der Stadt Paris, wo die souveränsten der ganzen Welt sind (das heißt die besten, die hervorragendsten der Welt)..." Und Christine fügt die hohen Preise hinzu, die Anastasia für ihre Arbeit forderte und die sie selbst „aus Erfahrung" kennt ... Henri Martin, der diesen Text in „La Miniature française du XIIIe au XIVe siècle" (erschienen 1923) zitiert, hatte zuerst daraus geschlossen, daß Anastasia „nicht Miniatorin, sondern Landschafts- und Ornamentenmalerin" gewesen sein müßte. Vielleicht hat er zu Unrecht diese Meinung revidiert.

Man sieht keinen Grund, warum Christine sonst besonders „Miniaturen" und „ländliche Geschichten" erwähnt hätte, das heißt Landschaften, die als Dekor der „Geschichten", der Szenen im eigentlichen Sinne dienen, wenn sie damit nicht sagen wollte, daß sie nicht die „Geschichten" malte.

Wir werden bei der Untersuchung unseres zweiten Malers bald sehen, wie naheliegend diese Arbeitsteilung scheint. Kehren wir erst noch einmal kurz zu ersterem zurück – dem Hermann Julius Hermann den Buchstaben A gibt, was für uns sehr bequem ist. Man darf, so scheint es, ihn nicht mit dem „Meister von Bedford" gleichsetzen. Kann man ihn mit einem anderen bekannten Meister in Verbindung bringen?

Wenn Ähnlichkeiten in einigen zeitgenössischen Handschriften oder vielmehr Ritterromanen und auch frommen Büchern auftreten, sind diese doch in keinem Falle wirklich signifikant und dort, wo am wenigsten Zweifel bestehen, handelt es sich um Bilder, deren Autor unbekannt ist, mit Ausnahme eines einzigen, des Meisters der „Heures du maréchal Boucicaut". Es gibt im „Trésor des histoires" (Arsenal, ms. 5077) einige Miniaturen, die ohne triftigen Grund manchmal den Brüdern Limburg zugeschrieben wurden, die aber Henri Martin zu Recht, wie es scheint, eher jenem Meister zuordnet. Er trägt sogar einen Namen, da es offensichtlich legitim ist, in ihm den Grafen Durrieu in der Person von Jakob Coene wiederzuerkennen, der, in verschiedenen Dokumenten als Maler von Brügge bezeichnet, im Juli 1398 in Paris und bald darauf in Mailand lokalisiert werden kann, wo er als „Ingenieur" der neuen Kathedrale auftritt und davon auch eine Zeichnung anfertigt. Man begegnet ihm dann in der Gesellschaft eines gewissen Jean Aucher, der sich damit befaßt, eine Dokumentation über Material und Technik des Schreibens und der Malerei zusammenzustellen. Die Miniaturen, die Henri Martin diesem Meister zugeschrieben hat, zeigen durchaus eine gewisse Ähnlichkeit mit jenen des Malers der ersten Seiten des „Tristan".

Der Maler F nach Hermann hat neben A einen beträchtlichen Teil der Miniaturen (neunundfünfzig, also zwei mehr als A) geschaffen. Doch vor ihm soll noch das Schaffen eines anderen Miniators beleuchtet werden, der diesem so fruchtbaren Künstler Vorbild gewesen zu sein scheint.

Jenes Vorbild (Buchstabe B bei Hermann), dessen Hand man nur auf sechs Miniaturen erkennt (davon ist eine im vorliegenden Buch wiedergegeben), vertritt eine frühere Ästhetik als der Meister A. Seine Eigenart findet man nirgendwo anders so ausgeprägt. Auf Kosten des Realismus strebt er nach Grazie und Eleganz der Figuren, die er erlangt, indem er sie in die Länge zieht, schmaler macht, ihnen eine geneigte Haltung, übertriebene Gestik verleiht und dabei den Eindruck erweckt, als ob seine Personen in der Luft schwebten und den Boden nur berührten. Die Gesichter sind hübsch, die Komposition ist harmonisch, die Farben sind lebhaft und genau aufeinander abgestimmt. Um diese Miniaturen in einem Wort zu charakterisieren, wird man den Begriff Manierismus wählen. Die Hintergründe sind selbstverständlich im

Miniatur 46, folio 418 verso

Parzival begibt sich in das Schloß des Königs Mordrain, um an der Messe in der Kapelle teilzunehmen. Er trifft den König mit einer ernsten Verwundung im Bett liegend an. Während der Messe findet der König dennoch die Kraft, sich im Moment des Emporhebens der Hostie aufzurichten.
Der Meister F hat hier eine interessante Perspektivwirkung mit Hilfe des Schachbrettfußbodens gesucht. Er zeigt sich darin als Vorläufer der holländischen Kleinmeister des 17. Jahrhunderts. Die Szene, die das Äußere des Schlosses und das Innere des Raumes miteinander verbindet, wurde entsprechend der Technik des Meisters F wie eine Theaterdekoration entworfen.

Miniatur 47, folio 424 recto

In der Bildikonographie des Mittelalters stellt der Eremit eine wesentliche Figur dar. Ein Weiser, der Welt abgewandt, unempfindlich gegenüber Leidenschaften und kleinlichem Streben, ist er der Berater par excellence – nach Wirth „der geheime Meister, der im Unsichtbaren arbeitet, um die im Entstehen begriffene Zukunft zu lenken".
In dem „Tristan" von Béroul finden die von Tintagel Flüchtenden, nachdem sie der Strafe entgangen waren, bei Bruder Ogrin Zuflucht, welcher sie drängt, Buße zu tun. Doch Tristan, ganz seiner Liebe hingegeben, vermag es nicht. Ist er denn schuldig? Er versichert, daß ihre Liebe die Frucht des Schicksals, des gemeinsam getrunkenen Liebestranks ist.
„Welchen Trost kann man einem toten Mann spenden", erwidert Ogrin, „denn derjenige, der ohne zu bereuen in der Sünde lebt, ist tot."
„Ich liebe Isolde in solchem Maße", sagt Tristan, „daß ich weder schlafe noch schlummere. Ich ziehe es vor, sie lebendig wie ein Bettler zu lieben, statt zu regieren." Isolde fällt dem Eremiten zu Füßen und weint: der Liebestrank hat sie für immer vereint, sie können diesem Schicksal nicht entgehen.
„Daß jener, der die Welt erschaffen hat, Euch zur Buße verhelfe", fleht Ogrin. Nach „drei Jahren im Walde und mit Nachlassen der Wirkung des Liebestrankes", kehren die Liebenden zu dem Eremiten zurück. „Wie lange hat Euer Wahnsinn doch gedauert", sagt er. „Ihr habt lange genug dieses Leben geführt. Glaubt mir: tut Buße."
Tristan und Isolde erklären sich bereit. Sie werden sich trennen und feststellen, daß der Liebestrank nur eine Ausflucht für ihre Leidenschaft war. Ihre Liebe ist stärker als alles und wird sich über ihren Tod hinaus behaupten.
Diese Miniatur betrifft Lancelot und nicht Tristan, doch der Eremit ist immer da, um Licht zu bringen. Wider Erwarten handelt es sich nicht um einen Greis, denn sein Bart ist noch blond. Deutlich zu erkennen ist das Wappen Lancelots auf seinem Schild: silbern (weiß) mit drei roten Rosen.

Miniatur 48, folio 434 recto

Bohort de Gaunes kämpft gegen Priadan, um die Rechte eines „jungen Edelfräuleins" zu verteidigen. Der Meister F schildert glänzend und anmutig diese höfische Szene, in der eine Zuschauerin ohnmächtig in die Arme ihrer Begleiterin fällt, während eine andere ihrer Freude durch große Gesten Ausdruck verleiht. Die beiden Ritter, das Visier ihres Helms gesenkt, sind auf der Blumenwiese zu Fall gekommen und haben sich mit ihren Rüstungen völlig ineinander verhakt, wobei die Schoßteile des Gewands wie Flügel in die Höhe ragen, was an den heftigen Nahkampf großer verletzter Vögel erinnert.

Miniatur 49, folio 446 verso

Parzivals Schwester, von Galaad begleitet, findet ihren Bruder sowie Bohort wieder. Alle vier begeben sich mit ihren Pferden an Bord eines Schiffes. Diese Miniatur, das einzige „Seestück" des Meisters F, kann man mit der Miniatur von folio 17, die dem Meister A zu verdanken ist, vergleichen. Letzterer zeigt die echten Fähigkeiten eines Malers, der sich um realistische Details in einer sehr gestrafften Komposition bemüht. Für den Meister F handelt es sich hier um eine symbolische Darstellung, in der er seiner Phantasie freien Lauf lassen kann. Das Meer wird einfach in den Vordergrund projiziert, während der Hintergrund mit einem gewürfelten Dekor vollständig bedeckt ist. Der Miniator macht sich keinerlei Gedanken, die Maße seiner Personen mit denen des Schiffes, das sie trägt, abzustimmen. Ja, die Pferde scheinen riesig, wenn man nach ihren Köpfen urteilt, die im Hintergrund auftauchen. Doch in dieser naiven Malerei wirkt eine Art ansteckendes Jubeln, das die Handschrift erstrahlen läßt. Der Meister F verfügt über ein Reservoir an Träumen, das sich mehr oder weniger entsprechend der vorgegebenen Bilder ergießt. Und wenn sich seine Freiheit entfalten kann, sind wir der wirklichen Kunst sehr nahe.

Schachbrettmuster mit zwei oder drei Farben gemalt; die herangeschobene Kulisse – insbesondere die Bäume – ist nicht maßstabgerecht, aber angemessen. Es handelt sich um sehr reizvolle Miniaturen.

Der Autor (F) der neunundfünfzig Bilder stand unter deutlichem Einfluß dieses ansprechenden Meisters. Ebenso sensibel zeichnend, zeigt er doch ein völlig anderes Temperament. Er ist urwüchsig und karikaturistisch. Statt die Poesie oder den Ernst der Episoden, die er illustriert, auszudrücken, unterstreicht er bewußt das Komische. Er erreicht dies durch die Komposition, die Haltung der Figuren und vor allem durch seine Darstellung der Gesichter. Wenn man die Miniatur von folio 199 betrachtet, auf der ein Edelmann das Ergebnis der Verhandlungen seines Knappen mit einem Mitglied einer Schloßwache abwartet, kann man erkennen, wie er die Pose des Herrn übertreibt, indem er dessen Bein verlängert, den Zipfel seines Überwurfs durch den Wind zur Seite drückt, seinem erwartungsvollen Gesicht, das mehr als nötig nach hinten geneigt ist, einen Ausdruck geheuchelter Liebenswürdigkeit verleiht. Dieser Manierist ist auch ein Expressionist. Und selbst den Pferdeköpfen wußte er eine karikative Form zu geben.

Die Hintergründe sind gewürfelt, das Dekor im Vordergrund ist systematisch auf einen so verkleinerten Maßstab gebracht worden, daß die Personen offensichtlich nicht das Schloß betreten können und jene, die sich wie durch ein Wunder darin befinden, ragen an allen Seiten darüber hinaus. Was die Bäume betrifft, reichen sie kaum bis an die Kruppe der Pferde.

Natürlich darf man in dieser Art Darstellung keinerlei Ungeschicklichkeit sehen. Wir haben es einfach mit einem Künstler zu tun – wahrscheinlich sehr verschieden vom Ornamentenmaler –, für den es nicht darum geht, eine Illusion der Wirklichkeit zu erwecken, sondern den Ort, an dem die Szene stattfindet, fast wie durch ein Ideogramm vorstellbar zu machen.

Wer in Ruhe jene zahlreichen Miniaturen betrachtet (von denen zwanzig im vorliegenden Band abgebildet sind) und sie richtig erfaßt hat, dem wird kein Äquivalent zu ihnen einfallen. In dem Roman „Lancelot du Lac" (Bibl. nat. ms. fr. 118) sieht man auf einigen Bildern lange, gestreckte Beine oder schöne Rockbewegungen, die unter Umständen an die Malweise von „Vorbild" B erinnern, doch nirgendwo begegnet man den Gesichtern unseres karikierenden „Expressionisten". Gewiß, keiner kann sich rühmen, alle jene illuminierten Handschriften gesehen zu haben, die sich von ihrer Entstehungszeit her für einen Vergleich eignen. Doch kann man zumindest sagen, daß es sehr wenige Miniaturen gibt, die Ähnlichkeit aufweisen. Die begleitenden Reproduktionen des vorliegenden Bandes zeigen Bilder, die auf Grund gewisser Parallelen ausgewählt wurden. Man erkennt mühelos, daß sie nicht von gleicher Hand stammen.

Selbst wenn der Maler der ersten Seiten zu Recht oder zu Unrecht identifiziert werden konnte, beim zweiten Meister hat dies bisher noch niemand gewagt, auch nicht bei seinem „Vorbild". Hermann, der ihre Malweise aus-

Lancelot du Lac. *Ms.fr.118. (Bibliothèque nationale, Paris.)*

führlich analysiert, erwähnt keinerlei Namen; Dagmar Thoss gibt lediglich an, daß beide „mit dem Meister der ‚Apokalypse von Berry' in Verbindung gebracht werden könnten (ms. 133, Pierpont Morgan Library, New York), in dessen Werkstatt sie ausgebildet worden sein müßten."

Es sei jedenfalls die Bemerkung gestattet, daß Jean, Herzog von Berry, durch die Beschäftigung eines so originellen, von der bekannten Lebensart der Handschriftenmaler so stark abweichenden Künstlers, uns einen Charakterzug enthüllt, den man anderswo gewiß nicht finden wird. Der Bibliophile, im Besitz zahlreicher großer, kleiner, kostbarer oder sogar sehr kostbarer Stundenbücher, des illustrierten Psalteriums, das er bei einem Künstler namens André Beauneveu in Auftrag gegeben hatte, der von der Bildhauerei herkam, im Besitz der „Bible historiale", von Chroniken und Romanen, und zwar solchen wie „Lancelot du Lac", zeigt sich hier frei von jedem Vorurteil, akzeptiert, daß ein Text nicht ganz ernst genommen wird, der zumindest vom Ursprung her bedeutungsschwer ist, wie der „Tristan", wo das Tragische der Liebesleidenschaft mit der geistigen Erhebung durch die „Suche nach dem Gral" zusammenfällt.

Außer den drei Künstlern, von denen eben die Rede war, können in der Handschrift drei weitere Meister unterschieden werden. Wir streifen nur kurz den Maler, dem Hermann den Buchstaben C zugeordnet hat und den er als „mit Gewißheit unbedeutendsten der sechs" bezeichnet, weshalb auch keine einzige seiner fünf oder sechs Miniaturen hier abgebildet wird. Der Künstler E, hier durch das Bild von folio 143 vertreten, ist nur ein farbloser und ziemlich ungeschickter Imitator von A, dem er jedoch einige Male als „Landschaftsmaler" gedient haben könnte. Meister D hingegen verdient genauer betrachtet zu werden, obwohl er nur drei Bilder geschaffen hat. Man sagt, seine Malweise sei archaisch, aus der Zeit vor dem 15. Jahrhundert, weil er nicht in der Lage zu sein scheint, das Räumliche wiederzugeben. Doch die Kleidung seiner Figuren, besonders Visiere und Rüstungen, scheinen nicht traditioneller als andere zu sein. Vor allem muß man die Originalität des Malers anerkennen. Er stellt seine Personen so unverhältnismäßig groß dar, daß sie allein das Rechteck ausfüllen. Ihre Haltung ist klar und bestimmt. Das zeigen die überkreuzten Beine Tristans, der, auf ein Bett gestreckt, einer Harfinistin lauscht oder das hoch erhobene Haupt von König Marc, der sich Isolde hinter Bäumen genähert hat (folios 103 und 118). Zweifellos fehlt es den Bildern an Räumlichkeit. Doch Tiefe brauchen sie nirgendwo. Sie zeigen uns aus nächster Nähe menschliche Wesen, die leiden. Und diese werden in einer Weise vorgeführt, die uns direkt berührt, unser Auge wird durch eine bemerkenswert konzentrierte Komposition und wenige, aber sehr gut ausgewählte Farben entzückt.

Ich muß gestehen, daß ich in diesen Miniaturen keinerlei Ähnlichkeit mit jenen des Pontifikales des Bischofs von Luçon finde (Bibl. nat. ms. fr. 8886). Ich kann hierin Dagmar Thoss nicht folgen, die ihrer Behauptung, dieser Künstler entstamme „der Schule des Meisters von Luçon", hinzufügt: „Diese Miniaturen bilden die stilistisch älteste Schicht der Wiener Handschrift des ‚Tristan'; die Gesichtstypen, die Haltungen und vor allem das Fehlen jeglicher räumlicher Vorstellung (siehe zum Beispiel die weibliche Figur der Miniatur von folio 103 oder die von folio 118) bestätigen die Verwurzelung der Miniaturen im 14. Jahrhundert."

Das soll für einen Überblick über die 144 Miniaturen des Wiener „Tristan in Prosa", wovon ungefähr 60 im vorliegenden Band zu sehen sind, ausreichen. Unserer Meinung nach ermöglicht eine ernsthafte Prüfung nicht, ihre Autoren zu bestimmen. In der Kunst sind derartige Zuschreibungen immer unsicher, es sei denn, sie lassen sich durch wertvolle Archivdokumente belegen, wie Bibliothekskataloge oder Inventare, manchmal auch Rechnungen, die über Zahlungen an die Künstler Auskunft geben. Man tut besser daran, sich mit voreiligen Behauptungen zurückzuhalten.

Musizierende Frau, Aquarell von Giovannino de Grassi, 1389–1398. Biblioteca Civica, Bergamo. (Photo Clam 2003, Bergamo.)

Miniatur 50, folio 451 recto

In einem Zimmer mit weiß-rotem Schachbrettfußboden hält die Schwester Parzivals in ihrer Linken ein großes Schwert, das am oberen Ende der Scheide eine Aufschrift trägt. Ihre Rechte schwenkt das „seltsame Wehrgehänge", das sie aus ihrem Haar geknüpft hat und welches sie am Schwert befestigen wird.
Das Schwert war am Ufer einer verlassenen Insel in einem Boot von jener kleinen Gruppe gefunden worden, die wir an Bord des Schiffes gehen gesehen haben. Die Inschrift auf der Klinge des Schwertes lautet, daß nur ein Mann ohne Sünde und Tadel das Recht hätte, es zu tragen und daß das Wehrgehänge von einem jungen Mädchen hergestellt sein müßte. Der Meister F hat die Schwester Parzivals in theatralischer Pose dargestellt, doch die Malerei der Architektur taucht die Szene in eine geheimnisvolle Atmosphäre, die eines gewissen Charmes nicht entbehrt.

Miniatur 51, folio 453 recto

Um eine Schloßherrin zu retten, die an Aussatz erkrankt ist, läßt sich die Schwester Parzivals Blut aus der Vene ziehen. Die „Spenderin" hält auf ihren Knien eine Schale, in der sie das Blut auffängt, das aus ihrem auf einen Stock gestützten Arm spritzt. Die Schloßherrin, in Blau gekleidet, streckt ihre Hand aus, um die Schale entgegenzunehmen und das gesammelte Blut zu trinken. Das Blut, allgemein als Träger des Lebens betrachtet, hatte im Mittelalter einen sehr starken symbolischen Wert. Das Blut Christi, im Gral aufgesammelt, war das Getränk der Unsterblichkeit. Hier bedeutet der Blutaustausch – lange bevor man an eine Operation in heutiger Form denken kann – eine Transfusion.
Die Schwester Parzivals wird daran sterben, und entsprechend ihres Wunsches wird ihr Körper in das „Palais spirituel" überführt werden.
Der Meister F hat auf jede ironische Voreingenommenheit verzichtet und die Szene mit der Ernsthaftigkeit behandelt, die der Gegenstand ihr abverlangte, ohne jedoch den Manierismus aufzugeben, dem man gewöhnlich in seinen „höfischen" Miniaturen begegnet.

Miniatur 52, folio 454 recto

Während Tristan seine geheimnisvolle Suche fortsetzt, hat König Marc endlich den Ort entdeckt, der den Liebenden Schutz bietet. Er hat das Königreich Logres überfallen, Isolde geraubt und das Schloß der Joyeuse Garde in Brand gesetzt.
Obwohl der Meister F recht gut die tumultartige Stimmung der Episode wiedergegeben hat, scheint er sie nicht recht empfunden zu haben. Isolde zeigt sich ebenso ungerührt wie Marc. Sie macht eine unmerkliche Handbewegung zum Gesicht hin. Will sie damit ihr Gefühl zurückhalten?

Miniatur 53, folio 460 recto

König Marc, der nicht auf Tristan warten kann, rächt sich an dessen Gefährten Galaad und Ferrant, die er Gift trinken läßt. Ferrant stirbt daran, doch Galaad wird „nach dem Willen Unseres Herrn" keinerlei Schmerz verspüren. In einer auf die Szene reduzierten Landschaft hat der Meister F die drei Personen in etwas verwirrter Haltung, aber elegant, wie er es liebt, dargestellt. Die bärtigen Gesichter haben wieder ihren karikaturesken Ausdruck.

De Sphaera. Ms.lat. 209. Biblioteca Estense, Modena. (Photo Roncaglia.)

Hochzeit. Jacques de Guise, Geschichte der edlen Prinzen von Hainaut, *15. Jahrhundert. (Lauros-Giraudon.)*

Miniatur 54, folio 472 recto

Tristan hat von der Entführung Isoldes erfahren. In eine Abtei geflüchtet, liegt er im Dämmerzustand einer langen Krankheit. Er ist voller Gewissensbisse, bei König Artus einen Eid für eine unmögliche Suche abgelegt und Isolde dem König Marc preisgegeben zu haben.
Er will das Schloß wiedersehen, wo er Isolde geliebt hat und begibt sich auf den Weg in das Königreich Norgalle. Ritter versperren ihm den Weg, er stellt sich dem Kampf.
Erneut nimmt der Meister A sich einer Miniatur der Handschrift an. Wir erkennen sein Geschick, Kämpfe zu malen und seine typische Darstellung der Bäume im Hintergrund.

Miniatur 55, folio 473 verso

Tristan und Hektor, die beiden Sieger des Kampfes, gehen ihres Weges, als ihnen der Prinz begegnet, der sie beglückwünscht und einlädt, bei ihm die Nacht zu verbringen.
Diese Miniatur zeigt uns ganz deutlich bestimmte charakteristische Seiten der Malweise des Meisters A. Sehr niedrige Pferde, die Reiter weit vorn aufsitzend, eine Landschaft in einem fast normalen Maßstab. Das Bild ist auch ein besonders deutliches Dokument für die Kleidung der Ritter ohne Rüstung und das Zaumzeug ihrer Reittiere.

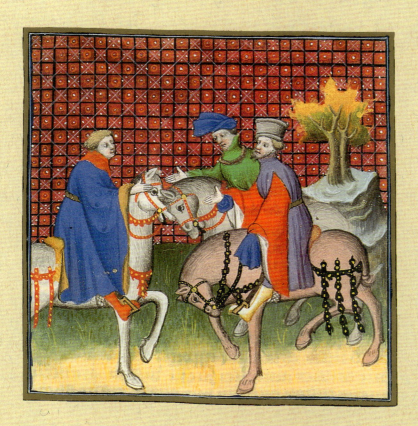

Miniatur 56, folio 474 verso

Im „Tristan" von Thomas wird der Held, der mit sechs Rittern kämpft, durch einen vergifteten Jagdspieß an der Hüfte verletzt. „Auf fremdem Boden in Verbannung lebend", bittet er Kaherdin, Isolde aufzusuchen. Isolde erreicht ihn, als er gerade seine Seele aufgegeben hat, sie wird ihn in den Tod begleiten.
Im Roman kehrt Tristan wieder nach Cornwall zurück und wird erneut von König Marc in Tintagel aufgenommen. Doch plötzlich, von Eifersucht erfaßt, sticht der König seinen Neffen mit einer vergifteten Lanze nieder, während dieser Isolde ein Liebeslied darbringt.
Den Ort seines Verbrechens fliehend, reitet Marc in Begleitung seines anderen Neffen Andret davon, welcher nunmehr Erbe des Thrones ist. Andret trieb seinen Onkel zum Mord, indem er dessen Eifersucht angestachelt hatte. Jetzt versucht er seine Gewissensbisse zu beruhigen.
Doch offensichtlich sehr unsicher, kommt König Marc ins Schloß zurück, um bei Tristan zu wachen und angesichts der schluchzenden Isolde sein Verzeihen zu erflehen. Tristan wird mit dem Schwert in der Hand, dem Symbol seines Ritterstandes, sterben. In dieser Folge von Miniaturen hat sich der Meister A selbst übertroffen.
Das Auge kann sich erfreuen; von der wundervollen Faltengebung des Kleides von Isolde, die Tristans letztes Lied anhört, bis hin zu der außerordentlich harmonischen Komposition, mit welcher die Handschrift endet.
Es geht nicht um Tristans Tod, von Thomas erdacht und von Wagner gepriesen. Wir haben gesehen, daß die Miniaturen des „Tristan in Prosa" mit der Legende nur in wenigen Episoden übereinstimmen. Stattdessen geben sie eine hervorragende Darstellung der mittelalterlichen Welt, ihrer Rittermoral, ihrer Rituale und vermeintlichen Perfektion.

Wenn der Miniator A auch weit hinter den Brüdern Limburg, den Malern der „Très Riches Heures du duc de Berry", zurücksteht, ist er doch unter den anderen Zeitgenossen einer der fortgeschrittensten. Er gehört ganz und gar in diese „französisch-flämische Schule", die zu Beginn des 15. Jahrhunderts versucht, die auf Jean Pucelle zurückgehende künstlerische Tradition, deren letzter großer Vertreter Jacquemart de Hesdin sein könnte, in die Vergangenheit zu verbannen. Zweifellos handelt es sich um einen Künstler, der dem Miniator F überlegen ist, welcher wiederum in seiner Ungeniertheit, Phantasie und Urwüchsigkeit durchaus geschätzt und bewundert werden darf. B, das „Vorbild" des Malers F, der verhaltener wirkt, besitzt einen unbestrittenen Reiz. Diese beiden sind in die Zeit vor dem Triumph der französisch-deutschen Schule einzuordnen und gehören, trotz ihres ziemlich ungewöhnlichen Akzents, der Epoche des ausgehenden 14. Jahrhunderts an, in der die französische und selbst die Pariser Miniatur als Modell und Beispiel für das gesamte Abendland dienten, als Auslöser für die sogenannte „Internationale Gotik". Der Meister D, kraftvoll und verführerisch – aber nur mit wenigen Miniaturen vertreten –, läßt sich nicht klassifizieren, er repräsentiert nur sich selbst. Der Anteil von B und C kann als unerheblich bezeichnet werden.

Wie kann man diese Studie beenden, ohne der Bewunderung für den Mäzen Herzog von Berry, die Künstler, die er beschäftigte und manchmal protegierte und auch ganz einfach die Zeit, in der Kunstwerke wie der Wiener „Tristan in Prosa" entstanden, Ausdruck zu verleihen?

Es war eine schreckliche Zeit, und um so erstaunlicher ist, daß das künstlerische Schaffen in keiner Weise davon beeinträchtigt wurde. In den ersten zwanzig Jahren des 15. Jahrhunderts tobte der Bürgerkrieg in Paris und ganz Frankreich. Die Engländer verwüsteten das Land; sie eigneten sich die schönsten Provinzen an. In Paris folgte Totschlag auf Totschlag. Die Häuser Burgund und Armagnac kämpften um die Macht. Überall herrschte Verfall. Und in eben jenen schrecklichen Jahren schufen unsere Maler im Dienste der Fürsten Meisterwerke.

Und dazu bedurfte es Zeit, Geduld und Ruhe, deren sie überraschenderweise nicht entbehrten. Versuchen wir allein die Stunden zu berechnen, die nötig waren, um die 492 Blätter des Tristan (das heißt 984 Seiten) in Schönschrift zu gestalten, um die 144 Miniaturen zu malen, um die verzierten Initialen der 137 Kapitel und die gleiche Anzahl von Zierleisten auszuführen ...

Seit dem 15. Jahrhundert hat die Kunst ihre Entwicklung fortgesetzt, immer neue Meisterwerke hervorgebracht, doch niemals wieder gab es diese Selbstlosigkeit, diese unendliche Geduld, diese Askese, diese wahrhafte Verschmelzung des Menschen mit seiner Schöpfung im Vergessen der Zeit und der Welt.

Inhalt

Weder Sie ohne mich, noch ich ohne Sie (Michel Cazenave) 7
    Der Sieg der Liebenden 16
    Der Wahn der Götter 17
    Initiation und Meditation 26
    Liebe und Erkenntnis 29
    Die Kriegerin und der Künstler 36
    Der Liebestrank oder die Erleuchtung des Geistes 45
    Trunkenheit und Freiheit 47
    Die Weisheit des verborgenen Gottes 58
    Anmerkungen 59

Der Tristan des Herzogs von Berry (Edmond Pognon) 61
    Für den Herzog von Berry 63
    Ein großzügiger Mäzen 75
    Beeinflußte Malerei 79
    Die Kunst der Miniaturmalerei 84
    Auf der Suche nach den Autoren 91